Franz Josef Wetz

LOB DER UNTREUE

FRANZ JOSEF WETZ

LOB DER UNTREUE

Eine Unverschämtheit

Diederichs

Verlagsgruppe Random House FSC-DEU-0100
Das für dieses Buch verwendete FSC®-zertifizierte Papier
EOS liefert Salzer Papier, St. Pölten, Austria.

Umschlaggestaltung: Weiss | Werkstatt | München
unter Verwendung eines Motivs © plainpicture/Westend61/
Anja Weber-Decker
Druck und Bindung: CPI Moravia Books s.r.o., Pohorelice
Printed in Czech Republic
ISBN 978-3-424-35061-6

www.diederichs-verlag.de

Inhalt

Eine Beziehung ist keine Affäre, doch es wäre schön, wenn sie eine wäre! Eine Partnerschaft wie eine Affäre führen zu können bedeutete nämlich, die üblicherweise flüchtige Intensität grandioser Leidenschaften auf Dauer halten zu können. Mehr noch, es bedeutete, die Glücksgefühle des Augenblicks außerhalb der Routinen von Ehe, Familie und Beruf in eine große Sinnerzählung verwandeln zu dürfen. Dann ginge der uralte Menschheitstraum endlich in Erfüllung, ekstatische Erregung mit einer stabilen Partnerschaft zu versöhnen. In einem solchen Falle wäre ausnahmsweise die Rede von der großen Liebe – »grand amour« – angebracht. Doch steht diese Möglichkeit nicht einmal als Ausnahme zur Verfügung. Dauerhafte Leidenschaft gibt es im wirklichen Leben genauso wenig wie zeitlich unbegrenzte erotische Anziehung. Gefühle kommen und gehen. Dies belegen schon die großen Liebesgeschichten der Literatur, obwohl sie doch genau das Gegenteil beweisen möchten. Denn entweder bleiben die Liebenden in romantischem, unerfülltem Schmachten stecken oder ihre einmalige, tiefe Zuneigung endet in tragischem Tod, noch bevor ihre Beziehung normal oder alltäglich und damit langweilig werden konnte. Selbst die radikalen Liebesgeschichten *Romeo und Julia* oder *Tristan und Isolde* sind nur außeralltägliche Affären und nicht das Vorspiel zu einer lediglich missglückten lebenslangen Intensität. Im Gegenteil haben sie ein deutlich markiertes Ende, das schon am Anfang in Sichtweite lag.

Sicherlich finden die Hauptfiguren zahlreicher Märchen, Romane und Filme nach allerlei Schwierigkeiten schließlich doch zueinander, aber die meisten Geschichten enden an dieser Stelle, sodass über den normalen Beziehungsalltag nichts mehr in Erfahrung zu bringen ist. Hierzu passend schreibt Kurt Tucholsky in dem Gedicht *Danach*: »Die Ehe war zum größten Teile/ verbrühte Milch und Langeweile./ Und darum wird beim Happy End/ im Film gewöhnlich abgeblendt.«

Nüchtern betrachtet ist eine längerfristige Beziehung lediglich als Arrangement möglich. Dessen Gelingen hängt wesentlich von gegenseitiger Achtung ab, die bei aller Vertraulichkeit genug persönlichen Freiraum für getrennte Wege lässt. Wir Menschen gleichen »frierenden Stachelschweinen«, so Arthur Schopenhauer, die, um nicht zu frieren, eng zusammenrücken müssen, sich aber nicht zu nahe kommen dürfen, um sich nicht an ihren Stacheln zu verletzen. Gerade eine längerfristige Partnerschaft braucht Nähe und Distanz gleichermaßen, soll dieses Abenteuer halbwegs glücken. Doch der allmähliche Verlust romantischer Verliebtheit ineinander und leidenschaftlicher Empfindungen füreinander lässt sich trotzdem nicht aufhalten.

Das Leben enttäuscht regelmäßig unser Verlangen nach gutem Sex, ewiger Liebe und einer glücklichen Partnerschaft. Darum entsteht immer wieder ein breiter Graben zwischen der offiziellen Vorderbühne, auf der sich die meisten treu, zufrieden und kontrolliert darstellen, und einer versteckten Hinterbühne, auf der viele ihre geheimen Sehnsüchte ausleben. Aus Sicht der Vorderbühne gleicht die Hinterbühne einer von Anstand und Sitte abgespaltenen Sphäre skandalöser Regelwidrigkeiten. Im Hohlraum dazwischen blühen seit jeher Heimlichkeiten, Halbwahrheiten und Lügengeschichten.

Trotz der erfolgreichen sexuellen Befreiung im vorigen Jahrhundert bieten die geläufigen Sexualpraktiken, Liebesregeln und Beziehungsformen vielen Menschen nicht die ersehnte Befriedigung. Diese Unzufriedenheit beweist aber nicht, dass die sexuelle Befreiung unvollendet, gewissermaßen auf halbem Wege stehen geblieben wäre oder gar versagt hätte. Eine bloße Erweiterung und Radikalisierung des sexuellen Liberalismus könnten diese prekäre Situation nicht beheben. Denn es fehlt nicht einfach nur an Einrichtungen und Regelungen, in denen das Begehren mit seinen erotischen Fantasien ohne jegliche Verzichte untergebracht werden könnte. Streng genommen sind nicht einmal Regeln und Institutionen vorstellbar, die unserem stürmischen Drängen voll und ganz gerecht werden könnten. Aus diesem Grund wird selbst die liberale Sex-, Liebes- und Beziehungskultur bisweilen als einengend empfunden. Doch ohne Beschränkungen der erotischen Lebensgestaltung würde sich das sinnliche Verlangen zu einer Bedrohung für den Einzelnen wie für die öffentliche Ordnung auswachsen.

Diese Unverträglichkeit der zivilisierten Kultur mit dem wilden Begehren hat zwei schwerwiegende Folgen:

Erstens führen die Einengungen des Sexual-, Liebes- und Beziehungslebens zu einem erotischen Analphabetismus. Das Gegenteil wäre ein experimentierfreudiges Begehren. Allerdings haben viele nicht die Kunst gelernt, den gesamten Körper zu erotisieren. Dieser Verzicht auf Obsession und Ekstase ist weniger das Ergebnis ihrer persönlichen Entscheidung als vielmehr gesellschaftliche Konvention. Das Sexualleben ist für viele bloß darum so, wie es ist, weil sie nicht wissen, wie es besser sein könnte.

Zweitens suchen die gestauten Triebenergien nach Schleichwegen, auf denen sie allen kulturellen Widerständen zum Trotz zumindest teilweise unbemerkt ausgelebt werden können. So bringen die Einengungen der Sex-, Liebes- und Beziehungskultur zahllose Heimlichkeiten und Lügen hervor.

Aus alledem ergeben sich schwierige Fragen für eine Kultur wie die unsrige, in der nicht nur gerne öffentlich über intime Angelegenheiten geschwatzt wird, sondern auch sinnliche Erlebnisse eine sehr große Rolle spielen. Es ist an der Zeit, die allgemein üblichen Beziehungsformen, Liebesregeln und Sexualpraktiken neu zu überdenken, denen nicht bloß die jüngere Generation ein anhaltend großes Interesse entgegenbringt.

Dieses Buch richtet sich an alle, die sich hin und wieder fragen: Habe ich ein erfülltes Sexual-, Liebes- und Beziehungsleben? Warum lässt es sich bestenfalls nur zeitweilig mit einem Menschen verwirklichen? »Heirate, du wirst es bereuen; heirate nicht, du wirst es gleichfalls bereuen«, schreibt Sören Kierkegaard. Nur bei den wenigsten rundet sich das Sexual-, Liebes- und Beziehungsleben zu einem harmonischen Ganzen. Das Buch geht diesen Frustrationen auf den Grund, die viele gerne vor sich selbst und den anderen verbergen. Hier werden Auswege aus dem Trauerspiel aufgezeigt. Das Buch richtet sich an alle, die sich für die heutigen Möglichkeiten einer sinnlich intensiven Lebensgestaltung interessieren und sich hiervon inspirieren lassen möchten. Es ist eine Aufklärungsschrift, die unsere spielerischen Veranlagungen beim Sex und im Umgang mit unseren Mitmenschen ebenso anschaulich wie anstößig zur Sprache bringt. Wer offen ist für die Fragen, warum heimliches Fremdgehen unvermeidlich ist und wie sich Seitensprünge oder Affären mit einer festen Partnerschaft vereinbaren lassen, wird hier Anregungen finden. Der Autor plädiert für nichts weniger als eine neue Sexualkultur, überzeugt davon: Guter Sex ist fast jede Sünde wert.

Hormoncocktails und Penisgrößen

Die Idee der großen Liebe verbindet Sex, Verliebtheit und Partnerschaft zu einer dauerhaften Einheit, die im wirklichen Leben bestenfalls zeitweilig vorkommt. Denn dort fallen die drei Phänomene oftmals auseinander. Zweifellos rückt dieses Auseinanderbrechen der drei Liebesaspekte ein augenfälliges Merkmal von intimen Beziehungen unserer Zeit in den Vordergrund. Zugleich aber kommen damit auch biologische Tatsachen zum Vorschein. Ganz offensichtlich bewegen sich Sex, Verliebtheit und Partnerschaft im Zwielicht von Kultur und Natur, über die das konkrete Leben immer schon eine breite Brücke geschlagen hat. Doch so eng diese drei Liebesaspekte miteinander verbunden sind, genauso streng lassen sie sich voneinander unterscheiden:

Sexuelle Anziehung, leidenschaftliches Begehren und lustvolle Befriedigung bedeuten nicht dasselbe wie romantische Verliebtheit, die auf mehr und anderes zielt als nur auf die Befriedigung sexueller Gelüste. Frisch Verliebte haben Schmetterlinge im Bauch. Heftiges Herzrasen, weiche Knie und eine vitale Beschwingtheit sind körperliche Symptome dieses Gefühlszustandes. Verliebte fühlen sich besonders wohl in der Nähe des Partners, auch weil dessen Nähe Geborgenheit stiftet und Einsamkeit vertreibt. Außerdem empfinden sie füreinander Mitfreude und Mitgefühl in schönen wie schweren Lebenslagen. Sie haben den Wunsch, den anderen zärtlich und verständnisvoll zu beschützen. Überdies haben Verliebte Angst vor dem möglichem Verlust des Partners. Ein Schattenbild dieser Angst ist die Eifersucht.

Verliebte stehen gleichsam unter einer Naturgewalt. Jeder Widerstand hiergegen ist fast so zwecklos wie der Versuch, nach übermäßigem Alkoholgenuss nüchtern bleiben zu wollen. Frisch Verliebte hören gerne voneinander die beiden Worte: »Dein Eigentum«, wie Gerhard Hauptmann im *Buch der Leidenschaft* betont. Es packt sie der glühende Wunsch, »den anderen völlig zu besitzen«, so der französische Romancier Marcel Proust in *Eine Liebe von Swann.* Denn die Neigung für eine Person wird durch die Liebe »plötzlich ausschließlich«, wie auch der russische Dichter Leo Tolstoi meint: »Liebe ist die ausschließliche Bevorzugung eines Mannes oder einer Frau vor allen übrigen.« Der irische Satiriker George Bernard Shaw relativiert diesen Überschwang mit den spöttischen Worten: »Steigt die physiologische Erregung, wenn sich Verliebte sehen, so überschätzen sie leicht den Unterschied zwischen der geliebten Person und allen übrigen Menschen.«

Wo immer Menschen einander begehren, leidenschaftlich küssen, verliebt anschauen, umarmen und miteinander schlafen, haben sich verschiedene Naturkräfte zu einem vielstimmigen Konzert vereint. In diesem Konzert geben zwei Instrumente den Ton an.

Das erste hat sich zwar schon vor Jahrtausenden in der Naturgeschichte gebildet. Doch bestimmt es bis heute unser Gefühlsleben. Darum wird es auch als Fernursache unserer Gefühlsregungen bezeichnet, welche die Evolutions- und Soziobiologen untersuchen. Diese befassen sich mit der Frage, weshalb wir überhaupt Geilheit, Sehnsucht und Verliebtheit empfinden. Sie interessiert, welche ursprüngliche Funktion solche Gefühlszustände im Naturgeschehen haben.

Das zweite Instrument untersuchen die Neurobiologen. Hier geht es um chemische und elektrische Prozesse. Während diese Vorgänge in unserem Hirn ablaufen, entstehen zeitgleich Gefühlsregungen wie Geilheit, Sehnsucht und Verliebtheit. Deshalb gelten diese Vorgänge als die Nahursachen unseres Gefühlslebens.

Das Gehirn ist das wichtigste Liebesorgan des Menschen. Dort entstehen sexuelle Begierde und Befriedigung, romantische Verliebtheit und Gefühle tiefer Verbundenheit und Geborgenheit.

Es gibt inzwischen digitale Apparate, die kontrast- und detailreich Aktivitäten der Hirnregionen und Nervenzellen fotoähnlich abbilden. Solche Aktivitäten werden beispielsweise angeregt, wenn wir begehren, lieben und uns wohlfühlen. So wurden in Laborexperimenten übereinstimmende Hirnbilder von frisch Verliebten gemacht, die Fotos ihrer jeweiligen Liebespartner betrachteten. Bei allen leuchteten die gleichen Hirnregionen auf. Andere bildgebende Verfahren machten deutlich, dass der Anblick erotischer Fotos von Frauen im männlichen Hirn Belohnungszentren aktiviert. Da Männer beim Hingucken von ihrem neuronalen System belohnt werden, fällt es ihnen so schwer, erotische Fotos zu ignorieren. Die bisherigen Hirntomografien zeigen übereinstimmend, dass die Poesie unseres Begehrens und Liebens auf der Prosa neuronaler Prozesse unter der Schädeldecke beruht.

Dabei produziert unser Hirn Botenstoffe, die für die Intensität unserer Sex-, Liebes- und Bindungsfähigkeit verantwortlich sind: Hormone und Neurotransmitter. Letztere sind biochemische Stoffe, die Informationen von einer Nervenzelle zur anderen übertragen und das Liebesleben stark beeinflussen. Weder die Liebesgöttin Venus noch der Liebesgott Amor steht hinter der unausweichlichen Macht des Begehrens. Hormone und Neurotransmitter rühren die sexuellen Glückscocktails an, die bei gutem Sex regelrechte »Flashs« hervorrufen.

Sexuelle Lust hängt vornehmlich von Östrogenen bei der Frau und Androgenen beim Mann ab. Der Ausdruck Androgen bedeutet so viel wie »Mannmacher«. Sexuelles Begehren ist eng mit der Ausschüttung von Östrogenen und dem Androgen Testosteron verknüpft, welche die Libido von Frau und Mann steuern. Verliebtheit und Liebe werden im Unterschied zur reinen sexuellen Lust insbesondere von den Neurotransmittern Dopamin, Noradrenalin und Serotonin bestimmt. Liebe auf den ersten Blick ist eine chemische Reaktion des Körpers! Bei Verliebten ist der Dopamin- und Noradrenalinspiegel hoch. Der Serotoninspiegel ist wie bei Menschen mit Zwangsstörungen niedrig, was die zwanghafte Fixierung frisch Verliebter aufeinander wunderbar erklärt, gleichen diese doch häufig Zwangsneurotikern. Rita Carter bringt es auf den Punkt: »Nüchtern betrachtet ist das romantische Verliebtsein eine chemisch induzierte Form von Geisteskrankheit.« Dies wusste schon William Shakespeare, der im *Sommernachtstraum* schreibt: »Verliebte und Verrückte sind beide von so brausendem Gehirn, so bildungsreicher Fantasie, die wahrnimmt, was nie die höhere Vernunft begreift.« Verliebte fühlen sich bisweilen von fremden Mächten wie der Zauberkraft des Planeten Venus beherrscht. Dementsprechend wird in zahlreichen alten Kulturen starke Verliebtheit als magisch verursachte Raserei oder göttlicher Wahnsinn verstanden. Doch wurden mittlerweile diese Vorstellungen längst ins Reich der Legende verwiesen. Liebeswahn hat weniger mit übernatürlicher Magie oder Hexerei als vielmehr mit einem abgesenkten Serotoninspiegel zu tun.

Bei der Paarbindung spielen die Hormone Oxytocin und Vasopressin eine wichtige Rolle. Sie erzeugen Gefühle der Sicherheit, Geborgenheit und Ruhe. Deshalb werden diese chemischen Botenstoffe gerne »hormonelle Klebstoffe« oder auch »Kuschel- und Treuehormone« genannt. Sie vermitteln ein Gefühl der inneren Verbundenheit, das von wechselseitigem Vertrauen und Wohlwollen getragen wird.

Bestimmte Hirnregionen, Hormone und Neurotransmitter erklären, *wie* sexuelles Verlangen, romantische Verliebtheit und langfristige Beziehungen zustande kommen. Von diesen Nahursachen des menschlichen Liebeslebens sind die sogenannten Fernursachen unterschieden. Diese erhellen, *warum* es in der Natur überhaupt leidenschaftlichen Sex, romantische Verliebtheit und feste Beziehungen gibt. Alle drei Phänomene gehören in den Zusammenhang der Fortpflanzung: Sexuelle Lust hat sich in der Evolution herausgebildet, damit sich Individuen überhaupt mit einem passenden Partner der eigenen Art vereinigen – eine notwendige Voraussetzung zur Nachwuchssicherung. Dagegen entwickelte sich romantische Verliebtheit, damit die Paarungsenergie zwischen den Personen erhalten bleibt, die sich gegenseitig anziehen, vor anderen bevorzugen und schließlich zum Partner wählen. Ihre Verliebtheit bewegt sie dazu, eine dauerhafte Bindung einzugehen, wofür wiederum ihre sexuelle Lust aufeinander überaus bedeutsam ist. Gleichzeitig erhöht sich hierdurch ihre Bereitschaft, eine Familie zu gründen, Kinder zu zeugen beziehungsweise auszutragen.

Obwohl eine Menge männlicher Säugetiere sich mit möglichst vielen Weibchen paaren möchte und nur selten an der Aufzucht ihrer Nachkommen interessiert ist, sind feste Beziehungen sinnvoll. Sie sind von großem Vorteil für den Nachwuchs. Die gemeinsamen Investitionen der verfügbaren Energien und Ressourcen in die Jungtiere erhöhen deren Überlebenswahrscheinlichkeit. Zusätzlich bieten sie den Jungtieren eine größere Sicherheit und Geborgenheit. So sind dauerhafte Bindungen sowohl für eine Familiengründung als auch für die Kinderaufzucht förderlich.

Nachweislich hängt der Paarungs- und Fortpflanzungserfolg in der Tierwelt von sozialer Wettbewerbsfähigkeit ab. Wettbewerb gilt in der modernen Evolutionstheorie und Soziobiologie als ein natürliches Verhaltensmuster. Konkurrenz und Rivalität sind prägende Kräfte des Naturgeschehens. Ein Bereich, in dem die Lebewesen in Wettbewerb miteinander stehen, ist die Selbsterhaltung. Im Kampf ums nackte Überleben konkurrieren sie um knappe Ressourcen. Doch treten sie auch in Konkurrenz zueinander bei ihrer Suche nach einem attraktiven Partner. Außerdem kämpfen sie um eine herausgehobene soziale Position. Gelingt es ihnen, einen guten Platz in der sozialen Hierarchie zu gewinnen, so haben sie zugleich einen besseren Zugang zu Ressourcen und einen größeren Erfolg bei der Partnerwahl.

Im sexuellen Wettkampf geht es um intensiven Sinnengenuss und äußere Selbstdarstellung. Beides – sinnliches Wohlbefinden und auffälliges Erscheinungsbild – spielt bei der menschlichen Fortpflanzung, bei der die eigenen genetischen Daten an die Nachkommen weitergegeben werden, eine wesentliche Rolle.

Obgleich bei uns Menschen die sexuelle Aktivität von der Fortpflanzung immer öfter abgekoppelt wird, bleiben das sexuelle Verlangen und der damit einhergehende Sinnengenuss ein

Teil von jener Macht, mit der uns die Natur zur Zeugung von Nachkommen verführen möchte. Die biologische Funktion der Lust liegt in der Fortpflanzung. Doch kann eine existenzielle Wertschöpfung auch durch eine rein sexuelle Reizbefriedigung geschehen. Hierbei wird ein Mehrwert in Form eines gesteigerten Lustgewinns erzielt.

Eines ist der sexuelle Selbstgenuss, ein anderes die sexuelle Selbstanpreisung. Seit jeher hängt erotischer Erfolg vorrangig von effektvoller Selbstdarstellung ab. Jugend, Schönheit und Gesundheit sind wichtige Signale in der Balzarena ebenso wie Besitz und Sozialprestige. Überall in der Tierwelt hängt der Paarungs- und Reproduktionserfolg von sozialer Wettbewerbsfähigkeit ab. Eine ranghohe und dominante Position im Sozialverband bedeutet häufig überdurchschnittlichen Paarungserfolg. Zur Erreichung dieses Ziels müssen meistenteils die Männchen gegeneinander antreten, während die Weibchen auswählen. Erfolgreich sind oftmals Männchen, die den umworbenen Weibchen ein sicheres Territorium, Brutplätze und ausreichend Nahrung bieten können. Hinzu kommen auffällige Ornamente, die herausragende Gesundheit, vorzügliche Stärke und ein intaktes Immunsystem anzeigen. Solche spektakulären Merkmale sind etwa das kräftige Rot des Stichlings, der stramm aufrechte Hahnenkamm, die funkelnden Federschwänze der Pfauen, die paarigen Geweihkronen der Hirsche und die zahlreichen Kehlsack-Knaller der Birkhähne. Außerdem gehören hierzu die melodischen Gesangskünste balzender Singvögel wie etwa des Drosselrohrsängers, die strophenreichen Serenaden aus dem Froschteich oder die imposante Farbenpracht tropischer Fische, Schmetterlinge und Käfer. Mithilfe dieser akustischen und optischen Verführungswerkzeuge preisen sich die »Troubadoure«

möglichen Paarungspartnerinnen an. Die bestornamentierten Tiere haben die besten Paarungschancen.

Von dieser Signalgebung im sexuellen Wettstreit abgesehen, sind die maskulinen Muster, Ornamente, Farben, Dolby-Surround-Klänge und anderen sexuellen Werbepraktiken eher nutzlose Energieverschwendung. Allerdings hängen beide Aspekte eng miteinander zusammen. Denn im Kampf um Paarungspartner demonstrieren die zeichenhaften Mittel sexueller Selbstanpreisung einen Überfluss, der eine vorzügliche Fitness zur Schau stellt und somit für gute Überlebensfähigkeit steht. Damit sagt die demonstrative Kraftvergeudung durch hervorstechende Extravaganzen etwas über die Verfassung eines Männchens aus, das offenbar so gesund, stark, mächtig und vital ist, dass es sich diese überflüssige Pracht leisten kann.

Jedoch kann der auffällige Zierrat, der Bestform anzeigt, seinem Träger im Kampf ums Überleben auch zum Nachteil gereichen. Das Hirschgeweih etwa, eine schwere Kopflast, kann sich im Unterholz verfangen oder der bunte Augenfächer des Pfaus dessen Feinde auf ihn aufmerksam machen und ihm bei der Flucht hinderlich sein. Doch so sehr sich die aufwendigen Attraktionen und Potenzdemonstrationen im Kampf ums Dasein nachteilig auswirken, im sexuellen Wettkampf stechen sie durchaus als Trumpf. In diesem Wettstreit geht es nicht mehr um Leben und Tod, sondern um einen Sieg in der Liebe. Bei den tierischen Sängerkriegen, Schönheitswettbewerben und Kraftdarstellungen wählt die »weibliche Jury« gewöhnlich die »Kerle« zur Fortpflanzung aus, die über die meisten oder ausgeprägtesten Zusatzmerkmale verfügen. Die Männchen signalisieren durch diese Merkmale den Weibchen, dass sie sich einen solchen verschwenderischen Luxus leisten können, ohne dass ihnen etwas zum Überleben fehlt. Damit stellen sie gewissermaßen ihre Verlustkraft zur Schau – die Kraft, etwas Eigenes verloren geben zu können, ohne es zu vermissen. Je höher die Verlustkraft eines Männchens ist, umso attraktiver wird es für das Weibchen, das von ihm gesunde und vitale Jungen erwarten darf. Nachweislich achten die Weibchen bei den Männchen auf feinste Qualitätsunterschiede als Indizien für deren herausragende Fitness.

Dieser Mechanismus wirkt bei den Menschen fort, die gleichfalls durch äußere Schönheit und Kraft, aber auch durch Geldausgaben, Macht, Reichtum und Besitz, eben durch zur Schau gestellten Konsum und luxuriöse Verschwendung einander zu beeindrucken suchen. Selbst der Penis hat eine solche Signalfunktion. Obgleich seine Ausmaße für die Fortpflanzung völlig unerheblich sind, gibt es unterschiedliche Größen. Ein dickes, langes, ausdauernd erigiertes Glied transportiert nicht mehr und besser Sperma als ein anderes. Solch ein Penis ist also reiner Luxus. Dennoch neigen insbesondere jüngere Männer zum Prahlen über die Größe und Leistungsstärke ihres »besten Freundes«. Biologisch gesehen haben sie hierzu einen guten Grund, signalisiert ihr Glied doch größere Fitness.

Der Ursprung allen Imponiergehabes liegt im Kampf um sexuelle Anerkennung, der vom Bestreben geleitet wird, das eigene Erbgut möglichst erfolgreich weiterzugeben. Nun wurde diese biologische Funktion im Verlauf der Menschheitsgeschichte zwar kulturell überformt, wie sie überhaupt im Laufe der eigenen Lebensgeschichte an Bedeutung verliert. Alles in allem aber entsprechen die Angebereien der Menschen mit ihren schönen Körpern, die Genitalien eingeschlossen, mit ihrem prahlerischen Freizeitkonsum und luxuriösen Müßiggang den nutzlosen Federn von Pfauen, Fasanen und Paradiesvögeln.

Wildes Haustier – Gezähmtes Raubtier

Kulturelle Regeln sind für das Sexualleben der Menschen unerlässlich. Schon die kontrollierte Verfügung über die eigenen sexuellen Antriebe, die Achtung vor dem anderen eingeschlossen, setzt eine Reihe kultureller Leistungen voraus. Überdies erfordert bereits ein reibungsloser Ablauf des öffentlichen Lebens eine Einschränkung unserer sexuellen Antriebe, wenn man bedenkt, dass sich fast alle zwischenmenschlichen Beziehungen erotisieren ließen. Anstandsregeln sind fast immer Abstandsregeln, die den Einzelnen vor Übergriffen schützen. Doch es ist hart, so viele schöne Menschen »vor einem herumkreuzen zu sehen und nicht zugreifen zu dürfen; und das Zugreifen ist der natürlichste Trieb der Menschheit. Greifen die Kinder nicht nach allem, was ihnen in den Sinn fällt?«, fragte schon Goethes *Werther*. Obwohl man vielleicht seiner Mitarbeiterin gerne unter die Bluse greifen, den fremden Platznachbarn in der Bahn berühren, die Frau oder den Mann an der Ampel umarmen, die Lehrerin der Tochter beim Elternabend küssen und viele spärlich bekleidete Personen in der sommerlichen Fußgängerzone direkt zu sich nach Hause ins Bett einladen möchte – man macht es nicht. Die meisten kommen nicht einmal auf die Idee, es zu tun, so sehr haben wir unsere Konventionen verinnerlicht, die uns auf Abstand voreinander ne solche selbstverständlichen Zurückhaltungen würde das öffentliche Leben einem schrecklichen Chaos gleichen.

Aus gutem Grund nennt Friedrich Nietzsche den Menschen ein »wildes grausames Raubtier«, das über Antriebsüberschüsse verfüge, die mithilfe der Kultur gebändigt würden. Für dieses Raubtier sei eine gewisse Unmenschlichkeit der natürliche Normalfall, regierten doch ursprünglich Triebe und Leidenschaften statt Geist und Vernunft. Hier setzen die bürgerlichen Institutionen und Konventionen an. Sie verwandeln den Menschen in ein »zahmes Haustier«. Eine zivilisierte Kultur holt die von unersättlichen Begierden getriebene Bestie Mensch gleichsam aus der Barbarei zurück. Es steckt einfach zu viel schmutzige Wollust im menschlichen Begehren, als dass die öffentliche Ordnung diese dunklen Kräfte uneingeschränkt zulassen und die Bürger aufs Geratewohl den verlockenden Abgründen ihrer Lüste überlassen könnte. Deshalb benötigen sowohl der Einzelne als auch die Gesellschaft verlässliche Regeln, die das Rohe, Wilde und Grausame am Menschen eindämmen. Speziell der Humanismus wendet sich gegen die gefährlichen Impulse der animalischen Begierde. Die unruhige Gärung des Lebens wird zwar nicht harter Sachlichkeit geopfert, aber durch die Züchtung höherer Anstandsgefühle begrenzt.

Die bürgerliche Moral schließt Verhaltensweisen aus, die eine überschießende Brutalität entfesseln. Hierzu gehören die wollüstigen Schmerzen des Masochisten ebenso wie die sabbernde Gier des Sadisten nach aufgeplatzter Haut, spritzendem Blut und gequältem Fleisch. Aber auch jede bittere Verzweiflung, lüsterne Lach- und Tanzobsessionen zählen dazu. Diese wilden Kräfte werden als ansteckende, Unruhe stiftende Elemente einer inneren und äußeren Zensur unterworfen. Sie werden wie Exkremente aus der bürgerlichen Kultur ausgeschieden. Wahnsinn, Verbrechen und Ekstase gelten als unheimliche Mächte, die Therapien, Gefängnisse und Anstandsregeln zu bannen suchen.

Der Mensch kann nur überleben, wenn er außer der übermächtigen Welt auch die eigene Natur teilweise negiert: sich erzieht, bildet und weigert, seinem animalischen Drängen nach exzessiver Entgrenzung freien Lauf zu lassen. Darum schmiedet er sein ruheloses Verlangen nach der vollen Intensität des Lebens an die Kette von Ordnung, Maß und Grenze. Er sperrt seine inneren Bestien gleichsam hinter Gitter.

Der geordnete Tagesablauf mit seinen Routinen ist ein bewährtes Instrument, um das mehr oder weniger chaotische Handeln in sachlich-rationale Bahnen zu lenken. Allerdings erfordert die Fähigkeit hierzu eine gewisse Disziplin, die erst durch die Einübung mechanisierter Fertigkeiten entsteht, wie sie etwa Betriebe und Behörden den Bürgern abverlangen. Paradebeispiele für Disziplin, Drill und Dressur liefern Klöster und Kasernen.

Die Einübung bestimmter Verhaltensregeln, die Verbote einschließen, ist für das Überleben und Zusammenleben der Menschen unverzichtbar. Sie verhindern den offenen Ausbruch zerstörerischer Kräfte, indem sie dem Leben einen funktionierenden Rahmen geben. Im Falle der Abweichung stellen sie den Bürger in den Senkel oder nehmen ihn in Strafe. Verbote grenzen aus, um die Verwirrungen zu vereiteln, welche die Gewaltsamkeit naturgegebener Kräfte auslösen können. Aber nicht nur Strafandrohungen halten Verbote lebendig, das ängstliche Zittern und Schaudern vor dem eigenen überschäumenden Lebensdrang ebenso. Wer kennt sie nicht – die ungezähmten Leidenschaften, die einem Angst machen, die Gedanken, die einen mit Entsetzen erfüllen, und die Träume, die einem die Schamesröte ins Gesicht treiben, wenn man nur an sie denkt?

Doch trotz aller Erziehungsmaßnahmen, Dressuren und Abrichtungen gibt es bei uns Menschen seit jeher eine Neigung, Fehltritte zu begehen, die uns gleichermaßen anziehen und abstoßen. Darum gelingen die Begradigung des Schiefen und die Milderung des Schroffen ebenso wenig wie die lückenlose Kontrolle über die ruhelosen Kräfte des Lebens. Jede Ordnung bleibt wurmstichig! Sie befindet sich stets in einem labilen, störanfälligen Gleichgewicht. Genaugenommen ist die Macht des Regelwidrigen und Dunklen so stark, dass sie immer wieder in die Alltagsroutinen einbricht. »Das Leben ist nie mit dem starren Schema, und zwar in keinem seiner unzähligen Zweige ausgekommen«, vermerkt Gerhard Hauptmann im *Buch der Leidenschaft*.

Es gibt in uns Menschen eine verstörende Lust an Grenzüberschreitungen – ein Verlangen nach Ekstase und Delirium, das die Gewalt der Leidenschaft bis an die Grenzen des Todes zu treiben vermag. Je nachdem, suchen wir mal aufregendes Kribbeln im Bauch, mal lustvolle Panik, spannungsgeladene Gefährdungssituationen, den Nervenkitzel. Diese zwiespältigen Stressgefühle können den Einzelnen in eine innere Zerreißprobe versetzen, bei der abschreckendes Entsetzen mit angenehmen Glücksgefühlen verschmilzt. So kommt es zu einer regelrechten Angstlust, einem angenehmen Grauen und bangen Vergnügen. Mit solchem Wogen zwischen höchster Anspannung und explosionsartiger Entspannung gehen hormonelle Ausschüttungen einher. Es werden körpereigene Morphine, Adrenaline und Endorphine freigesetzt.

Deshalb sollte man sich niemals der bequemen Illusion hingeben, wir seien vor dem Durchbruch ungezügelter Triebkräfte gefeit. Diese lassen sich in einem noch so liberalen Gemeinwesen nicht angemessen unterbringen. Regelmäßig kriecht das Regellose wie aus einem verborgenen Schlupfwinkel des menschlichen Körpers hervor. Es gibt eine unhintergehbare Faszination und Attraktivität des Extremen, ein Verlangen nach aufwühlenden Reizen, rauschender Erotik und maßlosen Festen. Solche tumultuarischen Bewegungen stehen im Widerspruch zur disziplinierten Alltagsordnung. Aber wir Menschen suchen nun einmal nicht bloß nach Möglichkeiten kontrollierter Selbstbehauptung, sondern ebenso nach Gelegenheiten explosiver Selbstpreisgabe. Wir verlangen nach existenziellen Siedepunkten und intensiven Ausschweifungen, in denen ein wilder Taumel von uns Besitz ergreifen darf. In unserer Kultur bieten Sport, Spiel, Musik, Abenteuer und vor allem Sex und Liebe vielfältige Möglichkeiten hierzu. Früher waren es heidnische Opferspektakel, heilige Orgien, sakrale Rituale und religiöse Ekstasen.

Strenge Tabus können zwar den Drang nach Trance verbieten, aber nicht dauerhaft unterdrücken. Deshalb muss jede Gesellschaft genügend Freiräume für emotionale Turbulenzen schaffen, auch für obszöne Gebärden. Jede Gesellschaft braucht Nischen für die anzüglichen Possen ihrer Bürger und für deren lautes Grölen aus weit geöffneten Mäulern. In solchen derben Verhaltensweisen können sich die Menschen rückhaltlos verausgaben und ihre aggressiven Instinkte ausleben. Da der Mensch solche Ventile zur Spannungsabfuhr benötigt, gehen mit öffentlichen Aufrufen zu Höflichkeit und Sittenstrenge auch für gewöhnlich große Zugeständnisse ans Sündigen einher.

Es gibt zahlreiche Schriftsteller, in deren Leben und Werk der Ausbruch aus gesitteter Normalität eine wichtige Rolle spielt. Beispielhaft Lord Byron: »Das große Ziel des Lebens ist das Empfinden – zu spüren, dass wir existieren – wenn auch unter Schmerzen – es ist diese sehnsuchtsvolle Leere, die uns antreibt zum Spielen – zu Schlachten – zu Reisen – zu zügellosen, aber heftig empfundenen Unternehmungen jeder Art, deren hauptsächlicher Reiz in der Erregung liegt, die mit deren Durchführung untrennbar verbunden ist.«

Dennoch wurden jahrhundertelang die kleinen Fluchten aus Anstand und Sitte offiziell mit Verachtung gestraft. Es wurde ihnen nach außen hin sogar jegliches Daseinsrecht abgesprochen. Das schmutzige Drängen wurde durch Ausschluss disqualifiziert, als Unwert definiert und als Abfall der Vernunft diskreditiert. Die bürgerliche Kultur bürgerte es gleichsam aus. Dies geschah, obwohl das Wilde, Dämonische, Unbändige seit jeher die Menschen nicht nur abstößt und anekelt. Im Gegenteil kann die entgrenzte Leidenschaft die Menschen schon verzaubern, wenn sie als verbotene Fantasie ihr unzensiertes Bewusstsein betritt.

Von alters her ist die Arena ein Ort, wo ein breites Spektrum an Gewalt erzeugt und angefacht, aber auch begrenzt wird – ob bei Box- und Stierkämpfen oder bei Fußballspielen. In diesem Sinne gehört noch immer zu den elementaren, aber oft verdrängten Wahrheiten über uns selbst die Erkenntnis des anarchischen Körpers, der eine ungeheure Ausdruckskraft besitzt. Der menschliche Leib ist mehr als nur ein Zeichen oder Bild für sexuelles Verlangen, hemmungslose Gier, lustvolle Verführung und neugierigen Wagemut. Er ist die sinnliche Lebensfreude, der Nervenkitzel und die Risikobereitschaft selbst.

Nun haben zahlreiche Konventionen und Institutionen wie Moral, Religion und Medizin hohe Dämme aufgeworfen, um die wilde Natur des Menschen in Schach zu halten. Moral, Religion und Medizin haben kulturelle Schleusentore errichtet, um die Übermacht der Natur zu mindern und ihre Wildheit zu zähmen. Sie haben wirksame Heilverfahren, zur Selbstbeherrschung gemahnende Verhaltensregeln und trostreiche Sinnorientierungen entwickelt. Diese sollen den Triebverzicht, das Leid, die Trauer und die Todesangst erträglicher gestalten, die im Laufe eines jeden Lebens deutliche Spuren auf dem Körper hinterlassen. Niemand soll von seinen Begierden versklavt und von Schicksalsschlägen völlig niedergeschmettert werden, sondern ein jeder Selbstbeherrschung, Gelassenheit und Überlegenheit wahren.

Der Körper ist Adressat ganz unterschiedlicher Disziplinierungen geworden, die den Einzelnen gefügig, wirtschaftlich effizient, aber auch mündig und sozialverträglich machen sollen. Solche mehr oder weniger zwanglosen Erziehungs- und Dressurmaßnahmen automatisieren und standardisieren unsere Verhaltensweisen, sodass nur noch wenig Raum für das Rohe und Wilde bleibt. Trotzdem lässt die bürgerliche Gesellschaft ein buntes närrisches Völkchen von Randexistenzen, Gauklern, Abenteurern und Lebenskünstlern zu. Nur die Virtuosen des Extremen lehnt sie ab: den souveränen König und den erbarmungslosen Henker, den gefolterten Märtyrer wie die sado-masochistische Prostituierte, den fanatischen General wie den unverbesserlichen Verbrecher, das überdrehte Genie genauso wie den tobenden Wahnsinnigen. »Dem Bürger ist sein Maß gegeben, nicht ein Recht, das ihn ins Maßlose treibt«, schreibt Jean Améry. Die bürgerliche Gesellschaft huldigt der maßvollen Mitte.

Gleichwohl sprengen die elementaren Kräfte unserer Natur immer wieder die Pforten der Kultur, die sich gegen die Gewaltsamkeit des Extremen verschlossen haben. Gerade die Macht der Triebe, der Krankheit und des Todes erschrecken und verängstigen die Menschen. Doch üben diese drei Mächte zugleich eine starke Anziehungskraft auf die Menschen aus. So ist und bleibt es für das Leben charakteristisch, sich von Leidenschaften, Lüsten oder Wünschen fortreißen und von Schicksalsschlägen wie Krankheit und Tod überwältigen zu lassen. In solchen Erfahrungen bekommen wir geradezu hautnah die Übermacht der realen Welt zu spüren, die sich des Einzelnen auf besonders intensive Weise in der leidenschaftlichen Liebe bemächtigt.

Auch Liebe hat ein Verfallsdatum

EIN PORTRÄT DER LIEBE

Es gibt sie – die große Liebe, selbst wenn sie weitaus öfter erträumt als erlebt wird. Sie ist keineswegs »nur ein Papperlapapp«, wie Theodor Fontane spottet. Meist existiert sie jedoch bloß in der Fantasie, in Filmen oder Romanen. Dennoch ist die Sehnsucht der Menschen nach erfüllter Zweisamkeit ungebrochen, das Verlangen groß, einen Partner für eine lebenslange Intimbeziehung zu finden und an sich zu binden. Manchmal projiziert man diesen Wunschtraum auf Personen, die einem zufällig über den Weg laufen und die schon verschwunden sind, ehe man sie kennenlernen durfte. Solch flüchtige Begegnungen tragen die Züge eines nicht zu Ende gelebten, ja versäumten Glücks. Eindrucksvoll beschreibt Kurt Tucholsky diese Tragik des Alltäglichen in *Augen in der Gross-Stadt*: »Wenn du zur Arbeit gehst am frühen Morgen, wenn du am Bahnhof stehst mit deinen Sorgen: da zeigt die Stadt dir asphaltglatt im Menschentrichter Millionen Gesichter: Zwei fremde Augen, ein kurzer Blick, die Brauen, Pupillen, die Lider – Was war das? Vielleicht dein Lebensglück ... vorbei, verweht, nie wieder.«

Unerträglich ist die unglückliche Liebe, wenn sich ein Dritter der Person zuneigt, zu der man sich selbst hingezogen fühlt, die aber das eigene Werben unerwidert lässt. Plötzlich fühlt man sich ausgeschlossen, ja um sein Glück betrogen, als ob es einem soeben gestohlen worden wäre. »Es geht mir ein Schauder durch den ganzen Körper, wenn Albert Lotte um den schlanken Leib fasst«, klagt Goethes *Werther*, hoffnungslos in Lotte verliebt. Dabei ist die Sache für den gesunden Menschenverstand ziemlich eindeutig: Entweder hat man eine Chance oder nicht. In letzterem Falle sollte man sich schnell davonmachen. Doch ganz so einfach fällt den Menschen das Verzichten und Loslassen nicht, wenn sie der Duft des Ersehnten verheißungsschwer umschwebt.

In der Regel überkommt einen die Liebe, ohne dass man auch nur den geringsten Anteil daran hat. Der Liebeswahn, der die Menschen glückselig dahinschweben lässt, stößt ihnen förmlich zu. Er kommt und geht ganz von allein. Man ist ihm gleichsam hilflos ausgeliefert. Es wäre Kraftverschwendung, sich hiergegen zu wehren. Ein geliebter Mensch kann fast alles mit einem machen. Dies macht die Liebe zu einer gefährlichen Leidenschaft, weil sie den schutzlos Verliebten leicht in äußerstes Unglück und tiefe Enttäuschung zu stürzen vermag. Deshalb geht mit diesem intensiven Gefühl ein Bewusstsein großer Verletzlichkeit einher. Die literarischen Beispiele hierfür sind Legion. Schon vor zwei Jahrtausenden klagen Gallus, Tibull, Properz und Ovid in den römischen Liebeselegien über leidvolle Erfahrungen mit schönen Frauen, die sich nur teilweise auf ihre Liebeswünsche einließen. Geradezu sklavisch waren sie ihnen verfallen.

Heute wissen wir, dass hinter jeder Anziehung – auch hinter jener Gefühlsinfektion des Auges, die Liebe auf den ersten Blick genannt wird – körpereigene Substanzen und nicht göttliche oder dämonische Kräfte stehen. Allerdings darf man mit Goethes *Werther* sagen: »Und wenn's nichts wäre als das, als vorübergehende Phantome, so macht's doch immer unser Glück.«

Jahrtausendelang musste der Glaube an den Liebestrank herhalten, weil man die natürlichen Ursachen dieser Leidenschaft nicht begriff. Dabei bereitet das Liebeselixier unser Körper selbst zu. Ein bloßes »Date«, bei dem sich beide ineinander verlieben, verwandelt sich unversehens in ein zauberhaftes »Rendezvous«. Allzu gerne setzen frisch Verliebte ihre zufällige Begegnung mit einer glücklichen Fügung des Schicksals gleich. Im Nachhinein erscheint ihre Liebe als notwendig, ohne dass sie sagen können, warum. Doch ganz nüchtern betrachtet setzt sie sich einfach aus körpereigenen Botenstoffen zusammen. Der *Liebestrank*, der beide verhext, wird ihnen jedenfalls nicht – wie in der gleichnamigen Oper von Gaetano Donizetti oder Richard Wagners *Tristan und Isolde* – von außen zugeführt.

Bei alldem gilt mal der Grundsatz »Gleich und Gleich gesellt sich gern«, mal die Regel »Gegensätze ziehen sich an«. Doch erst allmählich entdecken beide Akteure ähnliche oder unterschiedliche Vorlieben und Abneigungen. Noch kennen sie sich nicht richtig, weshalb sie am Anfang auch einander viel erzählen möchten, obwohl sie sich ohne große Worte verstehen. Es fließt einfach. So bilden sich zarte Einverständnisse, erste Vertraulichkeiten. Man genießt, miteinander zu sympathisieren, eines Sinnes zu sein. Manchmal hat man sogar schon daran Vergnügen, die Gewohnheiten des anderen zu übernehmen, ja auch seine Meinungen anzunehmen, weil sie einen an dessen Zuneigung erinnern. »Allem Anfang wohnt ein Zauber inne«, schreibt Hermann Hesse. Noch liegen alle Möglichkeiten in der Luft. Sie scheinen unbeschränkt zu sein. Das gilt insbesondere für die Hoffnungen der Liebe, die etwas Archaisches aufleben lässt. Gerade zu Beginn gleicht sie einer Zaubertruhe voll traumhafter Versprechen, deren unberührte Schätze gehoben werden möchten. Die schon so häufig gepriesene Anfangsepisode, nachdem der emotionale Blitz einschlug, hypnotisiert und elektrisiert alle frisch Verliebten. Gleichermaßen betäubt und aufgewühlt, fühlen sie sich einem wirren Durcheinander von Empfindungen ausgeliefert. Sie werden hiervon vollständig gefangen genommen. Wie häufig liegen beide todmüde im Bett, schlafen aber nicht. In dieser glücklichen Zeit tiefer Verbundenheit kurz nach der ersten Verzückung, in der sich die Verliebten immer näher kommen und vom Rest der Welt abtrennen, idealisieren sie sich gegenseitig als einzigartig oder vollkommen. Sie nehmen sich wechselseitig in die eigenen Träume vom Glück hinein, zu deren tragenden Grund der andere hochstilisiert wird. Nun haben beide das überwältigende Gefühl, die richtige Wahl getroffen zu haben. Sie spüren, dass zwischen ihnen viel stärkere Fäden laufen als von ihnen zu anderen. In ihrer Begeisterung glauben sie sogar, sich schon immer vermisst zu haben, obwohl sie sich zuvor gar nicht kannten. Dies kann bisweilen eine verstörende Eifersucht auf die Vergangenheit hervorrufen, das Bedauern, den anderen nicht schon früher besessen zu haben. Überhaupt habe man noch nie so stark geliebt wie in diesem Augenblick: »Hat mein Herz bis jetzt geliebt? Bestreite es, du mein Blick, denn ich habe vor dieser Nacht noch nie die wahre Schönheit gesehen«, schwärmt Romeo beim Anblick Julias. Hatte man eben noch geglaubt, den anderen entbehren zu können, so wird man jetzt eines Besseren belehrt.

Solche Übertreibungen sind der Süße des Anfangs geschuldet, in der sich noch keine Komplikationen bemerkbar machen. »Die Liebe bringt die hohen und verborgenen Eigenschaften eines Liebenden an's Licht, – sein Seltenes, Ausnahmsweises: insofern täuscht sie leicht über das, was Regel an ihm ist«, vermerkt Nietzsche treffend. Genauso hingerissen wie verzaubert weiß man gar nicht zu sagen, ob man den anderen als Ganzes liebt oder nur um bestimmter Eigenschaften willen. Doch fast niemand möchte bloß einzelner Körperteile oder nur seines Lächelns, seiner Stimme und seiner Figur wegen begehrt werden.

Man hat das Gefühl, es passt, weil etwas am anderen ist, das sich zwanglos dem eigenen Verlangen anpasst. Dies ist die Zeit, in der man sich noch füreinander zeitaufwendig herausputzt und sorgfältig Toilette macht. In dieser Phase ist man sehr darum bemüht, einander wert zu sein. Selbst geringfügige Ereignisse, Szenen und Gesten, die mit dem geliebten Wesen in Zusammenhang stehen, haben jetzt einen starken Nachklang. Sie beglücken, machen traurig oder unruhig, zerreißen einen innerlich, stacheln an, schüren das Feuer.

Jeder Gegenstand, den der Liebespartner berührt, wird in der Anfangszeit zu dessen Stellvertreter, an den man sich in seiner Abwesenheit klammert – etwa sein getragenes T-Shirt als Liebessouvenir und Liebesbeweis. In diesem Sinne hält sich Goethes *Werther* regelrecht an dem Zettelchen fest, das Lotte ihm zusteckte, und *Faust*, der sich nach der unerreichbaren Margarete verzehrt, fordert Mephisto auf: »Schaff mir ein Halstuch von ihrer Brust, ein Strumpfband meiner Liebeslust.« Das Lächeln der Geliebten, deren Gesicht und ihre Stimme sind jetzt alles, was man zu seinem Glücke braucht.

Es ist schön, wenn sich die Menschen freuen, die man liebt, und es ist schrecklich, sie leiden zu sehen. Die heutige Forschung erklärt solches Mitgefühl mithilfe sogenannter Spiegelneurone. Hiernach aktiviert die Betrachtung von Freude und Trauer bei einem anderen Menschen im eigenen Hirn abgeschwächt die gleichen Nervenzellen, wie sie stimuliert würden, wenn diese emotionalen Vorgänge nicht bloß passiv beobachtet, sondern selbst aktiv erlebt würden. Besonders Liebende nehmen am Leben des anderen auf sensible Weise teil, was als Intimität bezeichnet wird. Niklas Luhmann spricht von »zwischenmenschlicher Interpenetration«, bei der »das, was für den einen relevant ist, fast immer auch für den anderen relevant ist«. Für die große Liebe opfert man gerne Zeit und Energie, manchmal sogar langjährige Freundschaften wie auch Geld für großzügige Geschenke. Doch begleitet die Suche nach dem richtigen Präsent häufig die quälende Frage, ob ihr oder ihm das Ausgewählte tatsächlich Freude bereiten könnte.

Solange man liebt, erlebt man jede Begegnung mit der geliebten Person als Erfüllung über Erwarten, gleichsam als Feier. Dementsprechend heißt Lieben, füreinander ein Fest sein zu wollen, auf dem beide von romantischen Augenblicken, purer Gier, einem sinnlichen Fluten ohne Ordnung und Ziel überschwemmt werden. Verzehrt von diesem überschwänglichen Verlangen, vergeudet der Liebende in seiner Raserei eine Menge Energie, ohne seine Kraft und Zeit in Rechnung zu stellen. Der Rausch der Verliebtheit kennt nicht den Mittelweg. Er ist eine Gleichgewichtsstörung, ein unverfügbarer Wahn, den man haben und halten möchte, sobald man ihm verfallen ist. Glühende Liebe ist eine Obsession, in der beide wie Magneten aufeinander wirken, so stark ist die Anziehung. Mehr und mehr steigen Bilder der Wollust in ihren Gedanken auf. Eine unbändige Gier ergreift sie. Zu diesem Zauber gehört – neben dem liebelispelnden Mund und dem heftigen Aufbrausen der Leidenschaft – auch der nackte Körper in reizvoller Pose. Sein Anblick macht ihn zum Helfershelfer dieses sehnsüchtigen Verlangens. Verliebte genießen es, sich von Angesicht zu Angesicht mit zärtlichem Lachen und wollüstigem Zittern betrachten zu dürfen. Dabei verwandelt sich die unsägliche Lust des Schauens in die fast unerträgliche Qual eines immer drangvolleren Begehrens. Aus dem Sexualtrieb, einmal von Liebe zu mächtiger Flamme entfacht, entsteht eine fast grenzenlose Gier nach totaler Vereinigung, in welcher der Körper den Kräften des Jubels überlassen werden möchte.

Platons *Symposion* erklärt den Drang nach Verschmelzung mit einem kuriosen Mythos: Ursprünglich seien die Menschen kugelgestaltig gewesen, ausgestattet mit zwei Gesichtern, vier Füßen und Ohren. Stark und verwegen, wie jene waren, wagten sie den Weg zum Himmel hinauf und wollten sich an den Göttern vergreifen. Zur Begrenzung ihrer Macht und zur Strafe schnitt Zeus sie in zwei Hälften, eine männliche und eine weibliche. »Als nun auf diese Weise die ganze Natur entzweit war, kam in jeden Menschen die große Sehnsucht nach seiner eigenen anderen Hälfte [...]. Von dieser Zeit her, Freunde, ist Eros den Menschen eingeboren da, damit er die Menschen zu ihrer alten Natur zurückbringe und aus zwei Wesen eins bilde und so die verletzte Natur wieder heile.«

Im Zustand der Verliebtheit liegt ein Beben unersättlichen Verlangens über dem ganzen Körper. Das die Verliebten überwältigende Schmachten äußert sich als brennende Sehnsucht nach dem anderen. Es überrollt sie eine Woge des Begehrens, in der sie für gewöhnlich den anderen frontal sehen möchten. Der Mensch ist das einzige Tier, das von Angesicht zu Angesicht kopuliert. Der unerfüllbare Traum von totaler Vereinigung, der die wilde Leidenschaft in eine Raserei verwandelt, in der man sich am liebsten in der Verschmelzung auflösen und an seiner Ekstase sterben möchte, hat von ihnen Besitz ergriffen. »Wille zur Liebe: das ist willig auch sein bis zum Tode«, schreibt Nietzsche. Eine solche Untergangsanwandlung rührt von jenem unbeschreiblichen Wonnegefühl her, bei dem die Grenze sinnlichen Mangels überschritten und die sinnliche Erfüllung exzessiv verdichtet wird. Das ist der magische Moment höchster Befriedigung ohne Aufhebung der Begierde, die in diesen Augenblicken unstillbar zu sein scheint. Es ist das Glück, das Liebende in ihrer maßlosen Wollust, ihrer Hingabe ohne Rückhalt erfahren. Die Kunst der Liebe liegt gerade in der Fähigkeit, das Sehnen selbst noch in der Erfüllung aufrechtzuerhalten. »Die Wollust wird in der einsamen Umarmung der Liebenden zum reinen Feuer der edelsten Lebenskraft«, notiert der Romantiker Friedrich Schlegel in der *Lucinde.*

Für die Dauer dieser Seligkeit spielt der Alltag keine Rolle. Die Welt muss gewissermaßen draußen bleiben. »Weltentronnen«, heißt es in Richard Wagners *Tristan und Isolde,* versinken sie in Liebe und verschmelzen in süßem Verlangen. Diese Zelebration höchster Liebeslust findet für gewöhnlich in räumlicher, sozialer und zeitlicher Abgeschiedenheit statt: außerhalb der Öffentlichkeit im Privaten, isoliert von den Menschen der Umgebung und zu einer Zeit, die sich vom regulären Alltag unterscheidet. Der Liebesakt wird bevorzugt in der Nacht oder so am Tage vollzogen, als wäre es Nacht, nämlich in einem Spielzimmer mit heruntergezogenen Jalousien und tiefhängenden Lampen, damit das Tageslicht lediglich durch Türen und Fensterschlitze ins Innere des Raumes einzudringen vermag. Das Elend des Daseins bleibt ausgeschlossen.

Jede Sekunde ist jetzt voller Gegenwart. Jegliche Entzweiung scheint aufgehoben zu sein: »Mein und dein! Ewig ein«, schwören sich die »Nacht-Geweihten« Tristan und Isolde. Fast scheint der Traum von der totalen Vereinigung – Ziel aller Sehnsucht – Wirklichkeit werden zu können: »Tristan du, ich Isolde, nicht mehr Tristan!«, singt Tristan, und Isolde antwortet auf gleiche Weise: »Du Isolde, Tristan ich, nicht mehr Isolde!« Es scheint unmöglich zu sein, von diesem Delirium einen angemessenen Begriff zu geben.

Doch ist nur eine Annäherung an die totale Erfüllung ohne Lustverlust möglich. Mag man sich noch so sehr dem anderen in der Symbiose mit allen Fasern seines Körpers hingeben, nie geht man in ihm völlig auf, wie Eduard Mörike in *Neue Liebe* betont: »Kann auch ein Mensch des anderen auf der Erde ganz, wie er möchte, sein? – In langer Nacht bedacht ich mir's, und musste sagen, nein!« Selbst in der innigsten Verschmelzung bleibt ein Letztes unerfüllt. Sowohl die Besitzergreifung des anderen als auch die Befreiung von sich selbst schlagen fehl. Der Orgasmus, bei dem sich die Liebenden in fröhlicher Sorglosigkeit leidenschaftlich an ihr bloßes Dasein hingeben, bedeutet zwar den Höhepunkt, aber auch das Ende aller Begierde – Ruhe und Erschöpfung.

Der Liebeswahn, der dem Organismus wie schwere Körperarbeit zusetzen kann, macht nicht notwendigerweise blind, sondern kann einem vielmehr die Augen über sich selbst öffnen. Emphatisch formuliert lässt der Liebeszauber einen das eigene Leben auf ganz neue Weise spüren. Mit dem geliebten Wesen fühlt man mehr sich selbst und erfährt mehr über sich selbst als in jedem anderen Zustand. Hierzu passt eine der schönsten Definitionen der Liebe, die von Hegel stammt: »Das wahrhafte Wesen der Liebe besteht darin, das Bewusstsein seiner selbst aufzugeben, sich in einem anderen Selbst zu vergessen, doch in diesem Vergehen und Vergessen sich erst selber zu haben und zu besitzen.« Ähnliches bekommt man bei Friedrich Schlegel zu lesen: »Sie waren ganz hingegeben und eins und doch war jeder ganz er selbst, mehr als sie es noch je gewesen waren.« Dieses wechselseitige Beisichselbstsein im anderen ermöglicht gleichermaßen entgrenzende Verschmelzung mit ihm als auch angst- und sorgloses Alleinseinkönnen ohne ihn.

Allerdings verleiht die stille, unausgesprochene Hoffnung auf die Zeitlosigkeit der Liebesverbindung diesem großartigen Gefühl zugleich einen quälenden Zug. Deshalb können frisch Verliebte nicht im Ruhezustand verharren. Bis zur nächsten Begegnung plagt sie ein sehnsüchtiges Ziehen der Lust, obwohl doch bereits ein untergründiger Einklang ihre schmerzhafte Trennung überbrückt. Merkwürdig bekümmert laufen sie in Gedanken unaufhörlich hin und her, ohne den anderen wie eine immer wiederkehrende Melodie im Ohr loswerden zu können. Aus den Tiefen ihrer Existenz steigt schubweise ein Gefühl sehnsüchtiger Einsamkeit empor. Hierbei quillt manchmal so viel Zärtlichkeit auf, dass ihnen fast der Atem vor Verliebtheit stockt. Erst die Nähe des anderen mindert dieses Gefühl des Alleinseins, das sie mit ganzer Schwere überkam. Doch ohne jede Trennung könnte es keine beglückende Bewegung aufeinanderzu geben.

»Weinen ist Teil der normalen Körperaktivität des Liebenden«, schreibt Roland Barthes. Demgemäß sind Liebeserklärungen oftmals weniger Mitteilungen als vielmehr Seufzer. Liebende wollen nicht nur das Geständnis hören: »Ich liebe dich«, sondern auch den Schwur: »Ich werde dich ewig lieben«, und sie möchten hoffen dürfen, dass es wirklich so sei. Zynisch vermerkt Oscar Wilde hierzu: »Immer! Das ist ein schreckliches Wort. Es lässt mich schaudern, wenn ich es höre. Frauen haben eine Vorliebe dafür. Sie verderben jeden Liebesroman, indem sie ihm ewige Dauer zu geben versuchen.« Nichts erschwert das menschliche Leben so sehr wie der Glaube ans Endgültige. Dennoch lassen sich die meisten solche Gelübde mit der leisen Hoffnung auf ein beständiges Glück gerne gefallen. Allerdings verlassen sich nur die wenigsten darauf.

Andererseits gibt die Vorstellung, dass man einander wieder verlieren könnte, weil man der Liebe überdrüssig geworden ist, den Verliebten einen scharfen Stich ins Herz. Der Gedanke ist für sie kaum zu ertragen, dass es den anderen eines Tages nicht mehr geben könnte. Dann würde nicht nur sie oder er fehlen, sondern auch alles Übrige wanken. Dies möchte man sich gar nicht vorstellen.

Das »Ich liebe dich« schwirrt im Kopf eines jeden Liebenden umher, doch bringen es viele nicht über die Lippen, weil es, erst einmal ausgesprochen, banal und kitschig klingt. Offenbar hat sich diese Liebesformel wie die Erwiderung »Ich dich auch« verbraucht; beide Aussagen wirken kraftlos. Vielleicht ist es unmöglich, überhaupt einen der Liebe gemäßen Ausdruck zu finden. Darüber hinaus ist die Angst groß, mit diesen Worten zu viel von sich preiszugeben. Die Sprache der Liebe steht immer an der äußersten Grenze, wo es keine Garantien und Auffangnetze gibt. Bisweilen zittern die Worte vor Begierde, wenn sie den anderen darin einzuwickeln und sanft zu berühren suchen.

Da es schwerfällt, zarte Liebesworte den eigenen Lippen zu entlocken, wählen manche statt Ausdrücke der Hingabe die indirekte Mitteilung. Sie sagen nicht »Ich liebe dich«, sondern lediglich »Ich denke an dich« oder »Du fehlst mir«, wenn sie nicht gänzlich auf die Sprache verzichten, um mit Gesten, Blicken und Mienenspiel sanfte Zeichen der Liebe auszusenden.

Manchmal wird sogar Gleichgültigkeit vorgetäuscht, obwohl oder gerade weil die Leidenschaft im Inneren brennt. Denn einige Verliebte ziehen sich zurück, wenn man ihnen unverhohlen Liebeserklärungen macht. Das vereinnahmende Begehren des Partners kann die Intensität des eigenen Verlangens fast zunichtemachen. Manchmal bindet man einen Menschen umso fester an sich, je zurückhaltender man ihm seine Liebe kundtut, und desto weniger, je mehr man unverbrüchliche Treue zeigt.

Grundsätzlich herrscht eine große Unsicherheit darüber, ob und wie weit man seine innere Raserei, seine Unruhen und Turbulenzen dem anderen offenlegen darf. Sollte man seine Liebe nicht aus Angst, den Partner damit zu ersticken, vor ihm verbergen? Wie ließe sich mit der Enttäuschung leben, wenn die geliebte Person nur spärlich, nicht erwartungsgemäß oder gar nicht darauf reagiert? Wie sollte man sich verhalten, wenn die eigene feinfühlige Brillanz ohne Resonanz bliebe, um in einem schalltoten Raum der Ignoranz zu verhallen? Doch so sehr man sich um Geheimhaltung bemüht, Sehnsucht, Angst und Leidenschaft lassen sich nur schwer verstecken; bereits Stimme und Augen verraten sie.

Wie Religiosität kann Liebe vor Weltverfallenheit schützen. Sie weist Ruhmsucht, Ehrgeiz, das Streben nach Erfolg und Beförderung in die Schranken. Alle Erinnerungen, ferne und nahe, verlieren ihre Lebensschwere, alle Menschen, mit denen man sonst durch Sorgen verbunden ist, umschweben einen nurmehr wie Schatten. Wer sein Leben der Liebe weiht, hat nur wenig Sinn für andere Dinge! Die Kehrseite dieser Medaille ist Eifersucht auf die Alltagswelt, auf Beruf, Hobbys, Freunde, sofern sie zur Lockerung der Zweisamkeit beitragen. Die Liebe ist oftmals nicht großzügig, sondern misstrauisch. Bosheit und Bespitzelung sowie die Entwertung von Rivalen sind ihr nicht fremd. Meistenteils stehen dahinter Verlust- und Trennungsängste, das Gefühl sklavischer Abhängigkeit, die besonders während der Abwesenheit der geliebten Person schmerzhaft spürbar wird. Die Sehnsucht nach der leiblichen Anwesenheit des Partners ist groß. Solche endlosen, öden Tage führen manchmal zu lähmender Schwermut oder geschäftiger Zerstreuung. Man fühlt sich dann wie ein nicht abgeholtes Paket in einem verlassenen Bahnhofswinkel, wie Roland Barthes treffend vermerkt.

Geradezu grausam ist vergebliches Warten, sei es auf einen Telefonanruf, sei es auf die Rückkehr der geliebten Person oder auf ihre Ankunft in einem Lokal. In diesem Wahnzustand fühlt man sich leicht weniger geliebt, als man selbst liebt. Zuerst steigt nur eine schwache Unruhe in einem empor. Man macht sich ein wenig Sorgen und fragt sich, ob hier wohl ein Missverständnis vorliegt bezüglich der verabredeten Zeit und des vereinbarten Orts. Je mehr Zeit aber verstreicht, umso mehr wächst die Unruhe an. Nun möchte man etwas tun, kann es aber nicht; teilnahmslos blättert der abhängige Liebessklave in Zeitschriften und Büchern oder zappt durchs Fernsehen, öffnet ein Fenster, geht im Zimmer hin und her. Man möchte die innere Qual durch eine äußere Handlung zerstreuen. Kommt oder meldet sich die geliebte Person dann bald, empfängt man sie noch ruhig und lässt sich nichts anmerken. – Vergeht jedoch mehr Zeit ohne ein Lebenszeichen, mischt sich in die Unruhe leicht Eifersucht, und die Sorge schlägt in Zorn und Ärger um. Jetzt schränkt einen die Störung noch mehr ein. Sie macht ratlos. Mittlerweile traut man sich nicht einmal mehr, den Raum zu verlassen, um auf die Toilette zu gehen oder zu telefonieren, weil man nicht die Leitung blockieren möchte; man ärgert sich darüber, dass das Handy des Partners ausgeschaltet bleibt. Kommt und meldet sie oder er sich jetzt, macht man ihr oder ihm Vorwürfe, wenn nicht sogar eine Szene. – Vergeht noch mehr Zeit bis zum Eintreffen der geliebten Person, überkommt einen schließlich eine tiefe Traurigkeit, die Angst vorm Verlassenwerden oder die Furcht, der Geliebte könne einer anderen Person wegen fernbleiben. Dieser Gedanke lässt einen nun nicht mehr los, selbst wenn man ihn loswerden möchte und zu sich selbst sagt: »Schluss jetzt!« Aber die Fantasie zeigt den Geliebten weiter in den Armen einer fremden Gestalt. Wie gerne stachelt sie quälende Ahnungen mit eindeutigen Bildern an. Kommt und meldet sich die Geliebte oder der Geliebte doch noch, ist man voller Dankbarkeit, Glück und Freude.

Solche Eifersüchte und Ängste vor Verletzungen oder Verlust begleiten jede Liebesbeziehung. Winzige Missverständnisse werfen manchmal schon große Falten. Sie können ein regelrechtes Wahnfieber auslösen, in dem man unermüdlich trübe Gedanken hin und her wälzt. Manche quälen sich sogar dadurch, dass sie innere Bilder der Demütigung und des Verlassenwerdens bewusst verstärken. Die Sensibilität der Liebenden macht sie leicht verwundbar. In solchen Situationen werden Zweifel an der Liebe des anderen wach, die sich wohl noch am ehesten in der Woge des sexuellen Rausches zerstreuen lassen.

Auch ohne religiösen Glauben zünden Verliebte bisweilen Kerzen in Kirchen an und zupfen Blütenblätter immer mit derselben Frage: »Werde ich noch geliebt?« Da genügt es nicht mehr, dass es einmal gesagt wurde, um Klarheit zu schaffen und den Dämon zu vertreiben, so stark hat sich inzwischen der nagende Zweifel in der Obsession eingenistet. In die Wollust hat sich eine bange Unruhe gemischt, angefacht von der qualvollen Unbestimmtheit: »Wie lange noch? Vielleicht ist ihre oder seine Liebe schon abgekühlt?« Aufgeklärte Menschen werden plötzlich abergläubisch.

Mit einem Mal scheint der Zauber des Anfangs vorüber und die »ewige Liebe« vergänglich geworden zu sein. Die Zeit der Achtsamkeit und Achtung voreinander beginnt allmählich zu bröckeln, bis auf einmal belanglose Zwischenfälle heftige Streitereien auslösen. Man reagiert gereizter als zuvor und stößt den Partner immer öfter weg, wenn er zärtlich sein möchte. Jetzt steigen Erinnerungen an ähnliche Wortzwiste in früheren Beziehungen auf, an jene plötzlichen Unstimmigkeiten und rätselhaften Entfremdungen, die meist der Anfang vom Ende waren. An die Stelle des versöhnlichen Dialogs tritt ein Austausch wechselseitiger Beschuldigungen, bei dem man einander gar nicht verstehen möchte und sich deshalb auch nur wenig Gehör schenkt. Bei solchen Kontroversen geht es nicht mehr um Verständnis füreinander, sondern vielmehr um die Frage, wer die Oberhand und das letzte Wort behalten, gewissermaßen den Schlusspunkt setzen darf. Grobe Umgangsformen beginnen an die Stelle guter Manieren zu treten. Man spürt, dass sich etwas Feindseliges in einem gegen den Partner regt, gegen das man vergeblich anzukämpfen versucht. Schon in diesen Stunden ahnt man – früher als man es wahrhaben möchte –, dass alles zu Ende gehen wird. Auch wenn man sich einst am einem Tag verliebte, niederreißen lässt sich eine Partnerschaft nicht in so kurzer Zeit. Allerdings können Engvertraute schon in nur wenigen Augenblicken zu Fremden werden.

Rückblickend gewinnt man die Erkenntnis, dass die Liebe bloß ein trügerischer Schein sei, der einem Illusionen vorgaukele, welche den Blick trübten, ja blind machten, was mit Stendhal gerne »Kristallisation« genannt wird. In seinem Buch *Über die Liebe* schreibt der französische Autor: »wie ein Zweig in einem Salzbergwerk durch die sich ansetzenden Kristalle bis zur Unkenntlichkeit verändert wird, so verwandeln Bewunderung, Hoffnungen und Wünsche den Gegenstand der Liebe.« Am Ende der Liebe fallen alle Kristalle von dem Zweig herunter, und das heißt: Jetzt scheint man wieder klar zu sehen.

Doch geht die Euphorie nicht unversehens dahin; das Ende des Liebestunnels wird nach und nach erreicht. Der Wunsch nach lebenslanger Liebe kann sogar über längere Zeit in Erfüllung gehen, mag die Erreichung eines solchen Ziels auch eher zum Unwahrscheinlichen, ja Unmöglichen gehören, gehen doch Passion und Exzess mit der Zeit zurück. In jeder noch so romantischen Beziehung schwinden nachgerade die stürmischen Liebkosungen und die sexuellen Aktivitäten. Dabei erschlafft der Spannungsbogen schneller, wenn man sich jederzeit treffen kann. »Nichts heizt die Liebe besser an als eine kurze Trennung«, schreibt Oscar Wilde. Doch früher oder später flauen der sinnliche Taumel und die großen Gefühle ab. Geradezu machtlos müssen Liebende zusehen, wie das Kribbeln einschläft, die erotische Sensation nachlässt und die sexuelle Anziehung abhandenkommt, wofür mehrere Botenstoffe mit verantwortlich zeichnen. Das Absinken der durchschnittlichen Koitusfrequenz hängt sowohl vom Alter der Betroffenen als auch von der Beziehungsdauer ab. Nach dem gegenwärtigen Stand der Forschung geht der allmähliche Verlust sexuellen Verlangens in langjährigen Beziehungen unter anderem auf steigende Werte von Vasopressin und Oxytocin zurück, die etwa beim Mann den Testosteronspiegel herunterpegeln. Doch auch der Dopamin- und Noradrenalinspiegel sinkt nach längerer Gewöhnungsphase in jeder Beziehung. Infolge dessen verringert sich die sexuelle Anziehungskraft aufgrund großer Vertrautheit und Nähe. Irgendwann kommt der Tag, an dem einem klar wird, dass man nie mehr einen wirklich verliebten Nachmittag mit seinem Partner verbringen wird. Man kann sich schon nicht mehr erinnern, wann man sich leidenschaftlich küsste. Wann hat man miteinander den letzten glücklichen Sommer verbracht? Warum und wofür ist man überhaupt noch zusammen?

Für gewöhnlich sterben länger bestehende Liebesbeziehungen durch fortschreitendes Auseinanderleben langsam ab. Geradezu unauffällig siechen sie dahin, was die einen nicht weiter bekümmert, weil sie ohnehin mit der Liebe abgeschlossen haben, während andere eine Trennung oder Scheidung aus Müdigkeit und Entmutigung herbeisehnen. Beide spüren, dass sie eigentlich miteinander fertig sind, obwohl sie nicht so genau wissen, wie das äußere Leben ohneeinander weitergehen soll. Man fürchtet die Einsamkeit mehr als die Gewohnheit, selbst wenn sie eine schlechte Gewohnheit ist, deren Verlust man schmerzhaft verspüren und darum auch bedauern würde. Manchmal dauern Beziehungen fort, obwohl sie eigentlich am Ende sind, nur weil Dritte den Partner gut finden, auf den man deshalb nicht zu deren Gunsten verzichten möchte. Je mehr ein Besitz die Begierde der anderen weckt, umso mehr genießt man ihn und ist stolz darauf.

Doch allein schon der Entschluss, die Beziehung zu beenden, kann einen ungeheuren Abstand zum Partner schaffen. Allerdings folgt nicht selten auf die Trennung eine Wiederaufnahme der Partnerschaft, sind doch eben gefühlsmäßige und gewohnheitsmäßige Bindungen am stärksten. Dennoch wächst die Erkenntnis weiter, dass es nie wieder gut werden kann, weshalb man vielleicht doch auseinandergehen sollte. So kommt es schon bald zu neuerlicher Zäsur und schließlich zur endgültigen Versandung der einst so großen Empfindungen füreinander.

Wie eine teilnahmsvolle Melodie klingen da die traurigen Worte Johann Wolfgang von Goethes aus den *Vier Jahreszeiten*: »Warum bin ich vergänglich, o Zeus? So fragte die Schönheit./ Macht ich doch, sagte der Gott, nur das Vergängliche schön./ Und die Liebe, die Blumen, der Tau und die Jugend vernahmen's;/ Alle gingen sie weg, weinend, von Jupiters Thron./ Leben muss man und lieben; es endet Leben und Liebe./ Schnittest du, Parze, doch nur beiden die Fäden zugleich!« Aber wie oft schneidet die Parze, die den Lebens- und Liebesfaden knüpft, beide Fäden nicht gleichzeitig durch. In solchen Fällen geht das Leben ohne die Liebe weiter oder die Liebe ohne das Leben, wenn die oder der Geliebte gestorben sein sollte. Schon die alten Griechen bewerteten das gleichzeitige und gemeinsame Sterben der Liebenden als eine Göttergabe. *Philemon und Baucis* bekamen dieses Geschenk am Ende ihrer Lebenszeit von Zeus und dessen Sohn Hermes gemacht, nachdem sie sich zuvor den anonym aufgetretenen Göttern gegenüber als gastfreundlich erwiesen. Wer in Liebe verbunden ist, möchte einerseits den Partner sehnsuchtsvoller Verlustgefühle wegen nicht überleben müssen. Andererseits möchte man ihn aus genau diesem Grund vor dem Überleben verschonen, wie Reiner Kunze in *Bittgedanke, dir zu Füßen* betont: »Stirb früher als ich, um ein weniges früher. Damit nicht du den weg zum haus allein zurückgehen musst.«

Verliebtheit ist eine flüchtige, unzuverlässige Emotion. Und es gibt keine erlernbare »Kunst des Liebens«, die deren Verfall aufhalten könnte, wie uns gewisse Psychologen weismachen wollen. Doch befreit von der Hypnose der Liebe, bewerten viele deren Verlust meistenteils gar nicht so dramatisch. Endlich sehen sie wieder Tageslicht, das sie zur Zeit des Liebestaumels so sehr fürchteten. Bevor die rauschhafte Energie versiegte, ängstigte man sich vor dem Verlust der geliebten Person. Man dachte mit Schrecken daran, dass man vielleicht eines Tages aufhören würde, zu lieben. Mit großer Beunruhigung fragte man sich, was der andere wohl für einen in Zukunft bedeuten möge. Nach Erreichen des Punktes aber, an dem es kippt, beweint oder bedauert man lediglich noch den Verlust der Liebe allgemein. Man bedauert, den Augenblick verpasst zu haben, als sie einen verließ – und denkt: Wie schade! Dies hängt wohl damit zusammen, dass niemals nur eine Person, sondern auch die Liebe zu dieser Person geliebt wird, weil zu lieben sich so schön anfühlt. Wo geliebt wird, wird immer auch die Liebe zur Liebe geliebt. Schwindet die Liebe, so bezieht sich die Klage hierüber bald weniger auf den Verlust der geliebten Person als vielmehr auf das Ende des Liebesgefühls, das jene einst in einem wachrief. Es gibt so viele Alltagsfreuden wie gemeinsames Kochen, Ausgehen und Spazierengehen, die ohne Liebe keine solchen wären und mit ihr wieder aufhören, solche zu sein. Doch nach und nach schwächt sich dieser Nachklang ab, um dumpfer Alltäglichkeit zu weichen.

TREUE MIT REUE

»Eheleute geloben einander auf ewig Liebe. Dies ist nun recht bequem, hat aber auch nichts Großes zu bedeuten. Wenn die Betroffenen – statt auf ewig – bis Ostern oder bis zum nächsten ersten Mai sagten, dann wäre in ihrer Rede wenigstens Sinn; denn mit beidem sagten sie etwas, das sie vielleicht halten könnten«, so der dänische Philosoph Sören Kierkegaard. Wie stark die anfängliche Begeisterung auch war, mittelfristig wird aus dem Gefühlschaos bestenfalls ein geordnetes Wohlbehagen, für das Sex nicht mehr eine so große Rolle spielt und immer seltener stattfindet. Dieses Wohlbehagen ist geprägt von gegenseitiger Rücksichtnahme, Zuvorkommenheit und Fürsorge. Erst sie ermöglichen ein kultiviertes Miteinander. In erotischen Angelegenheiten führt dagegen der gleichförmige Tagesablauf langjähriger Beziehungen zu vorübergehendem Stillstand, einer Art Totstellreflex, der gerne als Normalität beschönigt wird. Die Ehe macht für beide Teile ein Leben in wissentlicher, aber unausgesprochener Selbsttäuschung unvermeidlich. Sie strotzt förmlich vor Verschwiegenem, schon bald nachdem die anfängliche Fixierung auf den Partner verloren gegangen und der ernüchternde Alltag gebieterisch hereingebrochen ist. Zum Weitermachen bedarf es deshalb einer polierten Oberflächlichkeit, die einen die feinen Risse übersehen lässt. »Die Ehe ist eine Institution zur Lähmung des Geschlechtstriebs«, schreibt Gottfried Benn.

Diese Erfahrung machen nicht nur Paare, die eine falsche Wahl trafen oder mit unrealistischen Erwartungen ihre Beziehung begannen. Hiervor bleiben selbst solche Partnerschaften nicht verschont, die mit der unwahrscheinlichen Ausnahme glücklichen Gelingens bis zum Ende fortdauern. Die romantische Liebesheirat nährt die Illusion, ein großes Liebesgedicht in der Ehe als Arena lustvoller Befriedigungen leben zu können. Doch fällt es nach einigen Jahren schwer, die bequeme, vertraute und meist etwas langweilig gewordene Beziehung wieder mit überschwänglicher Leidenschaft zu füllen. Diese lässt sich nicht ohne Weiteres in den einförmig dahinfließenden Alltag hinüberretten.

Denn der Partner trägt den Makel, der Partner zu sein. Um sich darüber hinwegzutäuschen, kann man eine Zeit lang im Rollenspiel zwar so tun, als ob er eine andere Person wäre, wie es ein Paar in Pitigrillis Roman *Kokain* tut: »Jedesmal, wenn ich ihn in meinem Bett empfing, ließ er in eine Truhe einige Goldstücke fallen, bezahlte mich. Er behauptete, auf diese Weise die Funktion der Ehefrau zu veredeln, indem er sie zur Würde einer Kurtisane erhöbe.« Doch sobald die Umarmungen und andere Liebesbezeigungen wieder zur Regel werden, weicht die brennende Sehnsucht fader Gewöhnlichkeit. Ist aber die ursprüngliche Euphorie erst einmal abgekühlt, so verkommt die sexuelle Lust bestenfalls zu ehelicher Pflicht. Man schläft so miteinander, wie man morgens duscht und frühstückt – nämlich schnell und teilnahmslos. Die Liebe ist ein mächtiger Impuls, der zwei Menschen zueinandertreibt, den aber der zehrende Alltag mit der Zeit zerstört.

Im täglichen Einerlei blickt man immer öfter durch den anderen hindurch, bevor man abends erschöpft ins Bett fällt, zu müde noch für Zärtlichkeiten. Eigentlich hätte man erahnen können, dass die ersehnte häusliche Ruhe keine günstige Atmosphäre für die Liebe schafft. Je mehr sich das äußere Band festigt, umso schneller löst sich die innere Verbundenheit auf!

Wie viele Beziehungsprobleme gehen auf beengte Raumverhältnisse zurück. Darüber hinaus bedeutet pausenloses Beisammensein über kurz oder lang den sicheren Tod jeder Leidenschaft. Solch traurige Entwicklung lässt sich zwar nicht aufhalten, wohl aber durch »Lieben auf Abstand« verzögern. Beruflich sind die Menschen heute häufiger unterwegs als früher. Damit zusammenhängend leben viele zeitweilig räumlich getrennt voneinander. Doch gibt es auch zahlreiche Paare, die freiwillig voneinander getrennt leben. Die Zahl der Fern- oder Wochenendbeziehungen und Partnerschaften mit getrennten Wohnungen hat deutlich zugenommen. Jedoch akzeptiert gerade die jüngere Generation diese Partnerschaftsform meist nur als Durchgangsstadium, weil sie irgendwann auf einen gemeinsamen Hausstand hofft. Dagegen bevorzugt eine Reihe von Menschen, oft nach gescheiterten Beziehungen, nur ein Teil der knapp bemessenen Zeit gemeinsam mit dem neuen Partner zu verbringen. Die übrige Zeit wird ohneeinander gelebt. Allerdings ermöglichen E-Mails, SMS, Skype und Billigtelefonate auch Fernliebenden einen Austausch, ohne den sich ihre Beziehung gar nicht aufrechterhalten ließe. Gutenmorgengrüße und Gutenachtküsse durch das Telefon können zwar körperliche Nähe nicht ersetzen, aber persönliche Nähe erhalten. Dennoch empfinden viele Fernliebenden ihre Lage als unbefriedigend. Die Nachteile sind offenkundig: Vom finanziellen Zusatzaufwand abgesehen, hemmt die räumliche Distanz die Gründung einer Familie oder belastet die bereits existierende; außerdem fehlen körperliche Intimität und das Gefühl häuslicher Geborgenheit.

Die Vorteile der Fernliebe, Wochenendbeziehung oder Partnerschaft mit getrennten Wohnungen sind ebenfalls augenfällig: Die Distanz erhöht und erhält durchschnittlich länger die lustvoll aufwühlende Zuneigung, die in der Alltagsroutine schneller schwindet. Ferner steigen Achtsamkeit sowie das Bedürfnis nach sexueller Zweisamkeit und deren Intensität, wenn man sich nicht jeden Tag sehen kann. Außerdem bewahrt man sich hierdurch eine gewisse Unabhängigkeit und Selbstständigkeit bei aller Verbundenheit und Verbindlichkeit dem Partner gegenüber. In der »Liebe auf Distanz« kann für gewöhnlich der Spannungsbogen der Leidenschaft über einen größeren Zeitraum straff gehalten werden. Die zeitweiligen Trennungen sind dem Gefühl der Zusammengehörigkeit nicht notwendigerweise abträglich. Das Gegenteil ist oftmals der Fall. Solange die Empfindungen noch nicht durch Gewohnheit abgeschwächt sind, ist alles in Ordnung.

Doch irgendwann erschlafft jeder Spannungsbogen. Plötzlich wird das Glück des Wiedersehens nicht mehr so empfunden, wie es die Sehnsucht noch immer verspricht. Offenbar hat man wieder einmal mehr gewollt, als das Leben zu geben bereit ist. Auch die »Liebe auf Abstand« findet am Ende bestenfalls zu einem milden Verzicht auf das intensive Leben.

Mit nüchternem Tonfall beschreibt Erich Kästner in der Ballade *Sachliche Romanze* den ganz normalen Liebesverlust durch Gewöhnung: »Als sie einander acht Jahre kannten/(und man darf sagen sie kannten sich gut),/ kam ihre Liebe plötzlich abhanden./ Wie andern Leuten ein Stock oder Hut.// Sie waren traurig, betrugen sich heiter,/ versuchten Küsse, als ob nichts sei,/ und sahen sich an und wussten nicht weiter./ Da weinte sie schließlich. Und er stand dabei. // Vom Fenster aus konnte man Schiffen winken./ Er sagt, es wäre schon Viertel nach vier/ und Zeit, irgendwo Kaffee zu trinken./ Nebenan übte ein Mensch Klavier.// Sie gingen ins kleinste Café am Ort/ und rührten in ihren Tassen./ Am Abend saßen sie immer noch dort./ Sie saßen allein, und sprachen kein Wort/ und konnten es einfach nicht fassen.« Die gleiche Erfahrung bringt Arthur Schnitzler mit noch weniger Worten in der *Traumnovelle* zum Ausdruck: »Sie schwiegen beide, lagen mit offenen Augen im Bett, fühlten gegenseitig ihre Nähe, ihre Ferne.« Irgendwie hatte man sich das alles einst ganz anders vorgestellt. Doch jetzt kann man es sich nicht mehr verhehlen: Man ist gemeinsam einsam geworden. Wo keine zärtlichen Worte mehr füreinander gefunden werden, dort bleibt nur noch eine beklemmende Stille zurück. Mit Erich Fromm gesprochen: »Es gibt kaum eine Aktivität, kaum ein Unterfangen, das mit so ungeheuren Hoffnungen und Erwartungen begonnen wird und das mit einer solchen Regelmäßigkeit fehlschlägt wie die Liebe.«

Hinzu kommt: »Schleicht die Armut zur Tür herein, fliegt die Liebe zum Fenster hinaus«, wie Oscar Wilde schreibt. Wohlhabendere vermögen sich leichter als Ärmere zwischen intensivem Vergnügen und lusttötender Alltagsroutine hin und her zu bewegen, weil sie über mehr Zeit und Geld verfügen, aber auch über mehr kommunikative Kompetenz und Bildung für anregende Freizeitaktivitäten. Davon abgesehen zeigen Männer aus den unteren Klassen in der Regel weniger Gefühl als die der Mittelschicht.

Doch so oder so bleibt der Preis für die behagliche Wärme eines routinemäßigen Alltagslebens der Verzicht auf emotionale

Turbulenzen. Auf Romantik angesprochen, antworten viele mit einem eher verlegenen Lachen. Nicht selten wird sie sogar als unwichtig für eine lebenslange Beziehung herabgestuft. Diese sei vorwiegend eine ökonomische Einrichtung, in der es um die gemeinsame Bewältigung von Lebensaufgaben gehe, welche bisweilen in schonungsloser Härte an den Einzelnen heranträten. Man möge auf dem Boden der Realität bleiben. Freilich sei romantische Liebe schön und aufregend, in Wahrheit aber nur ein irreales Märchen, jedenfalls eine vergängliche Passion. Es komme darauf an, auch ohne Funken der Leidenschaft miteinander auszukommen.

Tatsächlich führen Selbstverständlichkeit, Stabilität und Sicherheit schneller zu einem lauen Behagen als zu physiologischen Erregungen. Der tägliche Haushalt, die andauernde Sorge um die Kinder, das stressige Berufsleben, wenig Geld und Zeit – das alles sind Hindernisse für die Aufrechterhaltung romantischer Liebe, gemäß dem Sprichwort: »Vor der Hochzeit pflückt man Rosen, nach der Hochzeit flickt man Hosen.« Der Kräfte verschleißende Lebenskampf verhindert die Entstehung sexueller Antriebsüberschüsse, die sich nur in erotischen und romantischen Lebensformen unterbringen lassen. Andererseits scheinen viele Nachkommen und wenig Einkommen optimale Mittel zur Stabilisierung der Einehe zu sein. Allerdings dürfen Festigkeit und Sicherheit nicht einfach mit Glück gleichgesetzt werden. Hohe Arbeitsbelastungen, Geldsorgen und Zeitmangel verfestigen lediglich den Status quo. Sie sind zwar nicht bedrohlich für die Beziehung, aber das Gegenteil einer Chance zur Veränderung. Unter diesen Umständen scheint es nicht einmal möglich zu sein, mehr Ehrlichkeit sich und dem Partner gegenüber zu praktizieren. Man kann es sich im wörtlichen und übertragenen Sinne einfach nicht leisten, die alltagstaugliche Lebensgemeinschaft infrage zu stellen oder sogar heimliche Abenteuer zu beginnen.

Innerlich aber hadert man mit seinem Leben. Entweder steigen die einstigen Liebeswonnen in wehmütigen Erinnerungen auf, und man beginnt zu schwärmen: »Weißt du noch, wie wir damals ...« Oder es werden die schönen Tage von damals verleugnet, nachdem sie zur heutigen Alltäglichkeit geführt haben.

Zweifellos sind solche Enttäuschungen, aber auch verletzende Beleidigungen noch kein Scheidungs- oder Trennungsgrund. Über Jahre werfen sich Paare hilfreiche Rettungsringe innerhalb der Endlosschleife ihrer Streitereien zu, um sich trotz aller Kränkungen gegenseitiger Wertschätzung zu versichern. Doch manchmal wird lediglich eine Fassade der Harmonie aufrechterhalten. Wie viele besitzen die Schamlosigkeit, öffentlich noch Liebe vorzutäuschen, obwohl sie schon längst verflogen ist. Vielleicht verspüren beide noch eine starke Freundschaft zueinander, aber intim anfassen möchten sie sich nicht mehr.

Nicht selten tobt hinter der beschönigten Frontseite sogar ein erbarmungsloser Ehekrieg, der möglicherweise schon seit Jahren andauert. Man spürt eine schwelende Feindseligkeit unter dem häuslichen Waffenstillstand. Allerdings genügen schon Kleinigkeiten, um die Ruhe aus dem Gleichgewicht zu bringen. Bereits der geringste Anlass kann zu verbalen Bosheiten führen, ein Gespräch zum Mittel der Bloßstellung werden. Binnen kürzester Zeit kann sich der konfliktgeladene Alltag in eine Hölle gegenseitiger Demütigungen verwandeln. Bloße Meinungsverschiedenheiten sind längst nicht mehr der Grund für solch hässliches Gekeif, sondern tiefe Abneigung gegeneinander. Dabei wird jedes Wort absichtlich verdreht, ihm ein erlogener Sinn untergeschoben. Partnerschaftliche Achtung und Rücksichtnahme sind dem unentrinnbaren Alltagsstress zum Opfer gefallen. Die hoffnungsfroh eingegangene Beziehung ist zu einem gefühlsrohen, hasserfüllten Geschlechterkampf geworden, wie ihn Leo Tolstoi, Henrik Ibsen und August Strindberg eindrucksvoll dargestellt haben. »Es gibt so viele Leben, die keine sind, und so viele Ehen, die keine sind«, stellt Theodor Fontane traurig fest.

Doch kann eine Beziehung auch ohne romantische Verliebtheit schön bleiben, wenn man mit dem Partner gemeinsame Rituale pflegt. Auf einmal können wieder Gefühle zärtlicher Geborgenheit entstehen, wie man sie schon längst nicht mehr erwartet. Nur schließen solche »Wonnen der Gewöhnlichkeit«, wie Thomas Mann diese gemeinsame Zeit nennt, Grobheit und Missachtung im Umgang miteinander aus. Die Kontinuität behaglicher Alltagswärme erfordert mühevolle Beziehungsarbeit.

Aufs Ganze des Lebens gesehen scheint es ohnehin wichtiger zu sein, sich wechselseitig über die Daseinsängste im beschwerlichen Alltag hinwegtrösten zu können, als sich gegenseitig zu begehren. Solches Gelingen setzt nicht mehr emotionale Wirbelstürme und sexuelle Leidenschaft voraus, sondern lediglich zärtliche Zuneigung füreinander und Achtung voreinander. Gegenseitiger Respekt in einer Beziehung hängt mit von der Fähigkeit ab, ob man sich ein wenig wie ein Gast in der gemeinsamen Wohnung zu benehmen weiß. Schwergeprüften gleich, die das Unglück zu Gefährten macht, finden manche Paare sogar wieder ganz zueinander, wenn sich ihnen das Leben von seiner düsteren Seite zeigt. Dann ist Hilfsbereitschaft aus Liebe oder Freundschaft das Beste, das sie ihren Sorgen entgegensetzen können. Aus Sexualpartnern sind Komplizen geworden, die sich wie Strebepfeiler gegenseitig stützen.

Allerdings muss nur lange genug an der Oberfläche einer geglückten Ehe oder Lebenspartnerschaft gekratzt werden, um selbst hier auf den Traum einer intensiven Affäre zu stoßen. Einmal im Monat Oper, manchmal noch Kino, eine Geburtstagsparty und ein Bier vor dem Schlafengehen – das ist nur ein schlechter Ersatz für eine knisternde Liebelei. In solchen Augenblicken spürt man schmerzlich, was einem fehlt. Man weiß zwar, dass Kompromisse das Leben einfacher machen. Dennoch fragt man sich in solchen Momenten: Was ist ein Leben ohne Sehnsucht und Leidenschaft schon wert?

Lieben, Lügen und Betrügen

MORALISCHE PFLICHT ZUR HEUCHELEI

Im Allgemeinen kann heute offener über sexuelle Dinge gesprochen werden als in früheren Zeiten. Doch bedeutet Offenheit nicht unbedingt mehr Ehrlichkeit. Zwar beendete die sexuelle Befreiung zahlreiche Lügen des 19. und 20. Jahrhunderts, sie markiert aber natürlich noch nicht das Ende von Verlogenheit und Scheinheiligkeit überhaupt. Im Gegensatz zu den Erwartungen seiner Vorkämpfer bietet der sexuelle Liberalismus bis zum heutigen Tag keinen wirklichen Ausweg aus Halbwahrheiten und Heucheleien mit den dazugehörigen Rücksichtslosigkeiten und Schuldgefühlen. Positiv formuliert wahren solche Heucheleien einesteils den Schein zur Stabilisierung des Einzelnen und der Ordnung. Andernteils stellen sie einen Zufluchtsort für angehäufte regellose Energien dar, die im Widerspruch zum gültigen Normensystem stehen. Die offizielle Moral mag noch so liberal sein, die tatsächlich gelebte Moral stimmt damit niemals völlig überein, und im Hohlraum dazwischen blüht wie eh und je die Lüge. Das Liebes- und Sexualleben bildet keine Ausnahme hiervon. Da gibt es vieles, was nicht herauskommen darf. Allgemein lassen sich drei Varianten der Geheimhaltung unterscheiden: einmal das aktive Lügen durch erfundene Geschichten, dann das Leugnen zutreffender Verdächtigungen und schließlich das Verschweigen von Wahrheiten, die den Partner etwas angehen könnten.

Das Lügen hat seit jeher einen schlechten Ruf. Viele namhafte Philosophen und Theologen sprachen ein striktes Lügenverbot aus. Immanuel Kant nannte die Lüge den »faulen Fleck in der menschlichen Natur«, und bekanntlich lautet das achte Gebot: »Du sollst kein falsches Zeugnis gegen deinen Nächsten ablegen.« Moralisch gesehen ist das Lügen gleich aus mehreren Gründen verwerflich: Erstens missbraucht, bedroht und zerstört es das Vertrauen zwischen den Menschen. Ein Lügner enttäuscht das Vertrauen, das ihm eine andere Person entgegenbringt. Zweitens ignoriert ein Lügner das Interesse des Belogenen an der Wahrheit, die doch für die meisten ein hohes Gut darstellt. Damit zusammenhängend beeinträchtigt ein Lügner drittens das Recht des Belogenen, über sein Leben selbst zu verfügen. Er raubt ihm die Möglichkeit, selbst zu bestimmen, was mit ihm geschieht. Das heißt, er nimmt die freie Selbstbestimmung des Betrogenen nicht ernst, die er durch bewusste Täuschung behindert. Die genaue Kenntnis der verheimlichten Wahrheiten hätte den Belogenen vielleicht ganz andere Entscheidungen treffen lassen. Die Gelegenheit hierzu untergräbt der Lügner, indem er die Gefühle, Urteile und Handlungen des Belogenen durch seine Lügen in eine Richtung lenkt, die hauptsächlich ihm selbst Vorteile bringt.

Zum erfolgreichen Lügen bedarf es einer Reihe bemerkenswerter Talente. Wenn die Lügen nicht auffliegen sollen, dann sind skrupellose Verstellungen, plausible Erfindungen, kreative Fantasie und ein gutes Gedächtnis sowie passende spontane Reaktionen unverzichtbar. Darüber hinaus sind das unauffällige

Beseitigen von Spuren der Wahrheit wie auch ein geschicktes Pendeln zwischen verschiedenen Lebenswelten erforderlich. Andernfalls besteht die Gefahr, sich in verräterische Widersprüche zu verwickeln.

Außerdem ist es von großem Vorteil, schon ein starkes Vertrauen bei seinem Partner zu genießen, weil man selbst ihm großzügig Vertrauensvorschüsse gewährt und sich im übrigen Alltag als vertrauenswürdig erweist. Dennoch erbringt man immer eine »riskante Vorleistung«, wenn man einem anderen Menschen vertraut, wie Niklas Luhmann betont. Man kann nur auf Erwiderung hoffen. Wiederholt erwidertes Vertrauen vermehrt natürlich das Vertrauen. Das Vertrauen wächst. Doch gerade wer das volle Vertrauen seiner Mitmenschen besitzt, hat leichtes Spiel, sie hinters Licht zu führen.

Trotz öffentlicher Verurteilung absichtlich geäußerter Unwahrheiten steht die ethische Fragwürdigkeit der Lüge aber keineswegs zweifelsfrei fest. Wie wäre es, wenn die Menschen ständig ehrlich und offen zueinander wären und ohne jede Verstellung oder Gefühlskontrolle sich permanent die Wahrheit sagten? Sicherlich würde Chaos ausbrechen und die private wie öffentliche Ordnung zusammenbrechen, was schon Wilhelm Busch erkannte: »Wer möchte diesen Erdenball/ Noch fernerhin betreten/ Wenn wir Bewohner überall/ Die Wahrheit sagen täten.«

Karl Kraus zog hieraus den kühnen Schluss: »Wer ohne Zwang die Wahrheit sagt, verdient keine Nachsicht.« Tatsächlich ist vorbehaltlose Offenheit ein umstrittenes Gut, das mitnichten über allen sonstigen Gütern steht. Wer ungefragt und ohne Not einen belanglosen Seitensprung gesteht mit dem Wissen, dass diese Beichte den Partner verletzen wird, handelt fragwürdig ehrlich, nahezu verantwortungslos. Warum die Wahrheit sagen, wenn sich hierdurch für alle Seiten erhebliche Nachteile ergeben würden?

Nun neigen viele Menschen sowieso dazu, sich gegenseitig mit Lügengeschichten abzuspeisen. Regelmäßig führen sie sich und andere ohne schlechtes Gewissen hinters Licht. Weder wollen sie immer die ganze Wahrheit hören noch diese ständig sagen. Täuschen, Tarnen, Verzerren, Verschleiern, Verschweigen, Verdrehen, Verleugnen, Blenden, Bluffen, Beschönigen, Hinzufügen und Weglassen, um »bloßen Anschein zu erwecken« – dies alles sind ganz alltägliche, normale Verkehrsformen unter uns Menschen. Schon die Höflichkeit gebietet, zu unterscheiden zwischen dem, was man über andere denkt, und dem, was man ihnen sagt. Höflichkeit ist »gesellschaftlich anerkannte Heuchelei«, schreibt Arthur Schopenhauer. Sie ist die stillschweigende Übereinkunft, sich moralische, intellektuelle und sonstige Defizite nicht vorzuwerfen, ja all diese Schwächen und Mängel geflissentlich zu übersehen. Schopenhauer verglich die Höflichkeit mit einem Luftkissen: Es sei zwar nichts drin, aber es dämpfe die Stöße! Mit anderen Worten, jedoch gleichen Sinns schrieb Wilhelm Busch: »Da lob ich mir die Höflichkeit/ Das zierliche Betrügen./ Du weißt Bescheid, ich weiß Bescheid,/ und allen macht's Vergnügen.« Ähnlich Heinrich Heine mit ausdrücklich erotischer Anspielung: »In den Küssen welche Lüge!/ Welche Wonne in dem Schein!/ Ach, wie süß ist das Betrügen,/ Süßer das Betrogensein!«

Offenbar benötigen wir Menschen zum friedlichen Zusammenleben nicht bloß mehr Ehrlichkeit, sondern sogar mehr als Ehrlichkeit: Wie oft stellen wir unsere Erlebnisse eindrucksvoller dar, als sie in Wirklichkeit waren! Wie viele präsentieren sich anders, als sie tatsächlich sind – nicht nur im Vorstellungsgespräch, vor Kunden, bei Gericht oder als Politiker, sondern auch in der Ehe und unter Freunden. Wie häufig verbergen wir unsere Gefühle der Gleichgültigkeit und Abneigung hinter vorgespiegeltem Respekt – gemäß der traurigen Erkenntnis von Konrad Adenauer: »Es ist schwer, die Menschen zu kennen und sie nicht zu verachten.« Diese uns allen geläufigen Umgangsformen kann nur übersehen, wer nicht genau genug hinsieht. Aber manchmal ziehen wir ganz bewusst verworrenes Halbdunkel sonnenklarer Deutlichkeit vor.

Ein gewisses Maß an Selbst- und Fremdtäuschung ist vermutlich für den gesellschaftlichen Zusammenhalt genauso wichtig wie für die geistige Gesundheit jedes Einzelnen. Gerne wird das öffentliche Leben pauschal als großes Lügenwerk kritisiert. Allerdings bezweifelte schon Konrad Adenauer, dass die Menschen überhaupt klug oder dumm genug seien, um die ganze Wahrheit zu ertragen: »So recht sind die Menschen dem Herrgott nicht geglückt. Wären sie dümmer, ließen sie sich leichter regieren, wären sie klüger, könnte man vernünftiger mit ihnen reden.«

Möglicherweise verfügen wir über die Fähigkeit, zu lügen, nur damit wir nicht an der Wahrheit zugrunde gehen! Einen beispielhaften Beleg für die Richtigkeit dieser Vermutung bot der Astrophysiker Galileo Galilei, der aus Angst vor der Inquisition die Drehung der Erde um die Sonne leugnete.

Zuzeiten kann uns die Lüge als lebensdienliche Macht auch helfen, mit bedrängenden Problemen, Unsicherheiten und Schmerzen fertig zu werden. Sie kann uns helfen, Fragen unseres Liebes- und Beziehungslebens zu bewältigen, mit denen wir anders vielleicht nicht zurande kämen. Es gibt nicht nur einen ethisch fragwürdigen Drang der Menschen zur Unaufrichtigkeit, sondern auch einen existenziell begründeten Zwang zur Heuchelei. Dies wusste schon Homer, als er Odysseus mit großem Täuschungsgeschick und gewandter List seine Fahrt über das Meer des Lebens bewältigen ließ. Die ungeschminkte Wahrheit scheint nicht in jeder Lebenslage die beste Empfehlung zu sein. Gelegentlich scheint sie sogar ethischen Werten wie Freundschaft, Takt- und Mitgefühl zu widersprechen.

Davon abgesehen bringen Verschleierungen einem Lügner häufig außerordentliche Vorteile, wobei jedoch nicht immer nur aus selbstsüchtigen, sondern wohlgemerkt auch aus selbstlosen Motiven gelogen wird. Zwar möchten manche durch Aufschneiderei, Prahlerei und Schmeichelei mehr Aufmerksamkeit auf sich lenken oder Schande, Strafe und Tadel von sich abwenden, ja sogar Zuwendung und Liebe erschleichen. Im Gegensatz hierzu möchten aber andere wiederum durch sanfte Verstellung und barmherzige Lüge größere Schäden von ihren Freunden abhalten. Sie möchten ihre Mitmenschen nicht verletzen und das eigene Selbstwertgefühl retten, indem sie beispielsweise eigene abnorme Neigungen verleugnen. Selbsterkenntnis führt nämlich keineswegs immer zu erfreulichen Ergebnissen. Ab und an stößt sie auf Begierden, die vielleicht besser im Verborgenen bleiben sollten. Darum darf Baltasar Gracian zugestimmt werden: »Nicht alle Wahrheiten kann man sagen, die einen nicht, unserer selbst wegen, die anderen nicht, der anderen wegen.«

Wie es aussieht, verfügen wir über die Fähigkeit zur Lüge, auch um die Faustschläge des Lebens abmildern, Angst und Stress abbauen sowie eigene Unzulänglichkeiten einigermaßen ertragen zu können. In diesem Sinne dienen Heuchelei und Täuschung der Anpassung des Einzelnen an seine Umwelt. Sie können seinem Überleben wie auch guten Leben förderlich sein. So gesehen drücken sie eine Überlegenheit des Menschen über die Realität aus. Schon darum dürfen diese umstrittenen Verkehrsformen nicht von vornherein als unmoralisch verdammt werden, zumal sie zur Verbesserung der allgemeinen Lebensverhältnisse beitragen können, wie schon Voltaire vermerkte: »Die Lüge ist ein Laster, wenn sie Böses tut, eine sehr große Tugend, wenn sie Gutes tut.« In seinem Lustspiel *Wehe dem, der lügt* legt Franz Grillparzer überzeugend dar, dass die strikte Einhaltung des absoluten Gebots der Wahrhaftigkeit unserer buntverworrenen Welt nicht gerecht wird und deswegen nur gebrochen verwirklicht werden kann. Dessen ungeachtet verbirgt sich hinter zwanghaft verfolgter Ehrlichkeit bisweilen mehr panische Angst vor den eigenen Abgründen als ein ausgeprägter Sinn für Sitte und Anstand.

Das menschliche Leben bedarf einfach des Respekts vor dem, was es am Leben hält, selbst wenn es Heuchelei und Lüge sind. So betrachtet bleiben Täuschungen ethisch gerechtfertigt, ja mit einem humanistischen Standpunkt vereinbar. Um es mit Bernard Mandeville zu sagen: »Stolz, Luxus und Betrügerei muss sein, damit ein Volk gedeih'«.

Selbstverständlich können religiöse Puristen und bildungsbürgerliche Idealisten, die vom Scheitern eines heuchlerischen Lebenswandels überzeugt sind, hiermit nicht einverstanden sein. Doch im Alltag empfinden die wenigsten Menschen Verstellungen, Vereinfachungen und Verdrehungen als Problem, solange sie von ihnen selbst ausgehen und der Schein der Ehrlichkeit gewahrt bleibt. Abweichen ist selbst in unserer Gesellschaft bis zu einem gewissen Grade erlaubt, nur radikales Infragestellen nicht. Längst wurde erkannt, dass Aufrichtigkeit sozial unverträglich sein kann und den gesellschaftlichen Frieden zu gefährden vermag. Aus diesem Grund darf man hin und wieder gegen bestehende Regeln verstoßen, bloß umstoßen sollte man sie nicht, weil hierdurch die ganze Alltagsstruktur infrage gestellt werden würde.

Die nur scheinbare Befolgung einer Regel ist etwas anderes als deren öffentliche Nichtbefolgung. Konventionelle Regeln üben einen zivilisierenden Einfluss auf die Menschen auch dann aus, wenn sie nur dem Scheine nach befolgt werden. Sie verhindern einen Zusammenbruch der offiziellen Ordnung. Denn wer lediglich den Schein wahrt, verhält sich äußerlich und damit größtenteils immer noch ordnungsgemäß, obwohl er nicht alle bestehenden Regeln einhält.

Demnach wären Wahrheit, Vertrauen und Freiheit nicht von vornherein die höchsten Werte; manchmal stehen sie gleichrangig neben oder sogar nachrangig hinter solchen Werten wie sozialem Frieden, Wohlwollen, Rücksichtnahme, Höflichkeit, aber auch Bequemlichkeit, Egoismus und Feigheit. Mit den Worten Friedrich Nietzsches: »Es wäre möglich, dass dem Scheine, dem Willen zur Täuschung, dem Eigennutz und der Begierde ein für alles Leben höherer und grundsätzlicherer Wert zugeschrieben werden sollte.« Doch so sehr das Chaos ausbrechen würde, wenn die Bürger jederzeit ehrlich zueinander wären, ebenso müsste ein Staat untergehen, wenn er Unehrlichkeit behördlich erlaubte, gar gesetzlich befürwortete und sich niemand mehr an die Wahrheit hielte.

Zweifellos ist Wahrhaftigkeit für zwischenmenschliche Beziehungen unverzichtbar, trotzdem sind Lügen in manchen

Fällen unvermeidlich, wenn nicht sogar gerechtfertigt. Da jedoch ein Lügner etwas als wahr behauptet, das er selbst für falsch hält, und das Vertrauen, das in ihn gesetzt wird, bewusst enttäuscht, bleibt das Lügen moralisch prekär, ja am Ende möglicherweise doch verwerflich. Jedenfalls scheint das Lügen keine neutrale Fertigkeit im Umgang mit den anderen Menschen und der Welt zu sein. Dennoch hat diese moralisch fragwürdige Sprachtechnik, die einem schlaflose Nächte mit quälenden Gewissensbissen bereiten kann, eine Berechtigung. Sie ist dann erlaubt, wenn die darunterliegenden Motive und Antriebskräfte sowie die damit verfolgten Absichten, Ziele und Zwecke positiv bewertet werden können, zumindest als vertretbar erscheinen. So wird bisweilen aus echter Zuneigung und Sorge gelogen, um jemanden zu schonen, nicht bloßzustellen oder zu verletzen. Außerdem wird gelogen, um eine geschwächte Person nicht zu entmutigen oder mit der Wahrheit zu überfordern. Höher als die Wahrheit steht die Frage, ob und wie sich damit leben lässt.

Trotz aller Liberalisierungen wird auch auf dem Gebiet des Sexual- und Liebeslebens weiterhin in großem Maßstab gelogen. Die Beispiele hierfür sind Legion, buchstäblich ein »offenes Geheimnis«, das meist unter vorgehaltener Hand zur Sprache kommt. Wie ein Schleier hüllt die Lüge das wollüstige Begehren manchmal ein, um es vor anderen zu verbergen. Man denke bloß an die zahllosen unausgesprochenen One-Night-Stands, Seitensprünge und Affären, an die Geheimnisse selbst in offenen Partnerschaften oder an die eigenen verschwiegenen Fantasien. Eine Reihe von Menschen haben intime Beziehungen gleich zu mehreren Personen, zwischen denen sie sich nicht entscheiden wollen, weil sie alle auf eine bestimmte Art und Weise mögen.

So merkwürdig es klingt: Man kann jemanden aufrichtig lieben und dennoch betrügen. Denn nicht alle Lügen drücken Missachtung oder Bosheit aus. Schon beim Überreden einer Person zum Sex glühen bisweilen die Erzählungen von kleinen Schwindeleien, feinen Kunstgriffen und zarten Lügen. Vielleicht verwickelt man jemanden sogar in den Taumel einer falschen Hoffnung, ohne ihm wehtun zu wollen.

Andere halten ihren langjährigen Partner fest in den Armen, um ihn zu küssen, und denken an neue Liebeleien. Eine starke Sehnsucht nach versäumter Lebensfülle überkommt sie, während sie gemeinsam auf dem Sofa sitzen und Fernsehen schauen. Selbst wenn sie miteinander schlafen, stellen sie sich vielleicht die Zärtlichkeiten einer anderen Person vor. Sie überdecken den Körper, der vor ihnen liegt, mit der imaginierten Nacktheit eines Wunschobjekts, und betrügen so auf ebenso unmerkliche wie elegante Weise. Gelegentlich fühlen sie sich sogar ertappt bei dem Wunsch, alles stehen und liegen zu lassen, um der häuslichen Enge zu entfliehen. Insgeheim wird ein Zufallsereignis herbeigesehnt, das eine plötzliche Wendung zu neuem Glück bringen könnte. Am liebsten würde man sich mit der fremden Person einlassen, die man soeben im Zug kennengelernt hat, und sich spontan mit ihr auf einer blühenden Wiese herumwälzen.

Die Täuschungsabsicht als Hauptmerkmal der Lüge lässt zwar den irreführenden Eindruck entstehen, dass es die eigentliche Absicht des Lügners gegenüber seinem Sexual- und Liebespartner ist, ihn hinters Licht oder in die Irre zu führen. Doch ist die Täuschung meistens gar nicht der vorrangige Zweck der

Lüge, sondern lediglich ein Mittel zum Zweck. Oft wird geschwindelt, um der oder dem anderen angstvolle Unruhe oder unnötige Eifersucht zu ersparen. Belanglose Seitensprünge und leidenschaftliche Affären werden bisweilen vertuscht, um Familie und Partnerschaft zu schützen. Deshalb ist die moralische Überlegenheit von Jean-Paul Sartres Ehrlichkeit seiner Lebensgefährtin Simone de Beauvoir gegenüber durchaus umstritten. Beide hatten sich völlige Ehrlichkeit geschworen mit der Folge, dass er ihr später alle Affären gestand, was sie aber öfter bedrückt und verletzt haben soll, als sie öffentlich zugab. Tatsächlich kann Ehrlichkeit grausame Gefühlsrohheit sein und die Wahrung eines Geheimnisses von Einfühlungsvermögen zeugen. Jedoch stecken hinter der Rücksicht auf die Verletzbarkeit der Geliebten oder des Partners in vielen Fällen auch Egoismus und Feigheit, die sich anscheinend nur teilweise überwinden lassen.

Oft ermöglichen heimliche Seitensprünge und Affären ein hemmungsloses Ausleben spezieller sexueller Fantasien oder die Abfuhr angehäufter Energien, die so in der Ehe oder Partnerschaft nicht oder nicht mehr abgeladen werden können. Manchmal verhindern erst solche kleinen Fluchten aus dem Alltag die Zerrüttung oder Zerstörung der offiziellen Beziehung. Vielleicht funktioniert sie gerade deshalb noch immer so gut.

Außerdem lässt sich schwerlich leugnen, dass nebeneheliche und außerpartnerschaftliche Affären einen ganz eigenen Zauber entwickeln können, der in einer langjährigen Beziehung nicht mehr entstehen kann. »Ehemänner sind vor allem dann gute Liebhaber, wenn sie ihre Frauen betrügen«, schreibt Marilyn Monroe. Denn Monogamie mündet regelmäßig in Monotonie.

Abwechslung ergötzt dagegen seit jeher. Deshalb ist in einer dauerhaften Zweierbeziehung fast immer einer zu wenig und einer zu viel.

Davon abgesehen lassen sich geheime sexuelle Wünsche bisweilen besser außerhalb der vertrauten Partnerschaft verwirklichen. Nicht nur, dass sich der sexuelle Reiz mit der Zeit aus jeder Beziehung verabschiedet, manchmal steht sogar die große Liebe heftiger Leidenschaft im Wege. Wie soll man etwa seine abgründigen Fantasien, zu denen vielleicht schmutzige Verachtung und die Sprache des Unrats gehören, mit der Person ausleben, die man liebt und achtet? Zwar schließt sich beides nicht von vornherein aus, wenn den Betroffenen solche Spiele wirklich Spaß machen und sie hierüber offen miteinander reden können. Jedoch trauen sich nach wie vor viele nicht, ihre dunklen Seiten der Lust vor ihrer großen Liebe auszubreiten, geschweige denn miteinander auszuleben, weil sie sich hierfür schämen. Bestimmte Sexualpraktiken und Liebesspiele werden so weder innerhalb der auf Dauer angelegten Partnerschaft verwirklicht noch scheinen sie eine Grundlage für eine neue Beziehung bilden zu können. Manche können sie nur in inoffiziellen Liebschaften hemmungslos ausleben.

Darüber hinaus lebt eine Affäre vom Reiz der Geheimhaltung – eben der Tatsache, eine Affäre zu sein. »Das Leben wäre nicht des Lebens wert, wenn das alles gelten sollte, was zufällig gilt. Alles Beste liegt jenseits davon«, schreibt Theodor Fontane. Deshalb bedeutet die Verwandlung einer Affäre in eine offizielle Partnerschaft oft schon das Ende ihrer bisherigen Intensität. Eine gute Affäre ist nun einmal noch keine gute Beziehung. Deshalb ist es manchmal falsch, seinen langjährigen Partner zu verlassen, statt ihn heimlich zu betrügen.

Wenn ein untreuer Partner dennoch die Wahrheit sagen möchte, dann sollte er zuvor überlegen, ob seine Ehrlichkeit möglicherweise mehr Schaden anrichtet, als Nutzen bringt. Bisweilen werden solche Geständnisse aus falsch verstandener Loyalität abgelegt. Mit dem Paar- und Sexualtherapeuten Ulrich Clement gesprochen: »Es kann rücksichtsvoller und sogar liebevoller sein, dem Partner eine Affäre ganz zu verschweigen.«

Umgekehrt kann es durchaus ratsam sein, nicht der zermürbenden Frage nachzugehen, ob die Partnerin oder der Partner tatsächlich wegen Überstunden bei der Arbeit so spät nach Hause kam. Nicht immer sollte man den Dingen auf den Grund gehen, weder alles auskundschaften noch aussprechen. Es kann für einen selbst besser sein, nicht alles so genau wissen zu wollen, dem Partner einen eigenen Lebensbereich zuzugestehen und über manches großherzig hinwegzusehen, wie es der Ehegatte in Arthur Schnitzlers *Frau des Weisen* tat. Obwohl dieser seine Gattin in flagranti ertappte, ohne dass sie es bemerkte, schlich er leise und unmerklich davon. Er behielt seine Beobachtung ganz für sich und ersparte sich selbst wie auch seiner Frau hierdurch schmerzhafte Konflikte mit ungewissem Ausgang. Von dieser Größe ihres Mannes erfuhr sie nie etwas. Das nennt man Nachsicht, und wir alle haben sie bitter nötig.

Bisweilen ist es sogar zweckmäßig, sich bewusst etwas vorzumachen. Beneidenswert, wer die Kunst der Selbsttäuschung beherrscht. Hiermit ist die paradoxe Fähigkeit gemeint, etwas zu übersehen, das man eigentlich sieht. Manchmal nimmt man sehenden Auges das Offenkundige gar nicht wahr. Diese interessante Fertigkeit, die Augen vor etwas verschließen zu können, das man zumindest ahnt, wird auch Selbstbetrug genannt. Gerade im Beziehungsalltag neigen wir Menschen gerne zur Unaufrichtigkeit gegen uns selbst, im Extremfall sogar zur Lebenslüge. Hierfür sind wir anfällig, weil im Liebesleben mittelfristig Wunsch und Wirklichkeit auseinanderklaffen. Es fällt uns Menschen schwer, dieser Wahrheit ohne Ausflüchte ins Auge zu sehen, weil sie für unsere Alltagsordnung bedrohlich werden könnte. Sie vermag den Einzelnen in Angst zu versetzen, da er spürt, dass es nicht in seiner Macht liegt, besagte Kluft zwischen Begehren und Befriedigung zu schließen. Darum geben wir oftmals der Versuchung zu der Selbsttäuschung nach, dass alles in bester Ordnung sei. Denn wir befürchten, dass wir unser geordnetes Alltagsleben andernfalls nicht wie bisher fortsetzen könnten. Dies stimmt auch. Deshalb ist es mitunter sogar empfehlenswert, der Versuchung zur Selbsttäuschung zu erliegen. Um es mit den drastischen Worten Henrik Ibsens in der *Wildente* auszudrücken: »Wenn Sie einem Durchschnittsmenschen seine Lebenslüge rauben, dann nehmen sie ihm gleichzeitig sein Glück.«

Nun bedarf es zur Unaufrichtigkeit, Selbsttäuschung oder Lebenslüge aber ganz bestimmter Talente. Man muss es mit der Wahrheit nicht so genau nehmen können. Das heißt, man darf mit gewissen Indizien für einen Seitensprung oder eine Affäre nicht gewissenhaft und gründlich umgehen. Im Gegenteil sollte man sich im Unklaren hierüber lassen. Erst dann ist es nämlich möglich, unangenehme Schlüsse hieraus zu verweigern. Dies gelingt aber nur, wenn man die Anzeichen für Seitensprünge oder eine Affäre zu ignorieren vermag, ihnen nicht nachgeht, sie nicht überprüft und somit dem, was man ahnt oder womöglich leicht wissen könnte, geflissentlich ausweicht. Überhaupt sollte man allem aus dem Wege gehen, was den schwach begründeten Verdacht bestätigen könnte. Stattdessen legt man es sich am besten so zurecht, dass es weiterhin passt. Man redet sich die Situation schön, indem man sich einredet, alles sei wie gewohnt. Dazu gehört auch, dass man seine Befürchtungen dem Partner gegenüber nicht gleich anspricht.

Jedenfalls führen endlose Gespräche und Paartherapien in solch heiklen Situationen selten weiter. Wenn die Lust in einer Beziehung fast zur Last wird, der Beischlaf nicht mehr so richtig funktioniert, weil das Begehren nach und nach schwindet, dann ist der Spaß am Sex mit dem langjährigen Partner kaum mehr zu beleben. Es ist eine verbreitete Illusion, ja eine geschäftstüchtige Ideologie, zu glauben, dass Paartherapeuten hiergegen etwas auszurichten vermögen. Diese treten zwar regelmäßig mit dem Anspruch auf, erklären zu können, wie sexuelle Leidenschaft in einer Langzeitbeziehung wiederkehren könne. Hierbei überschätzen sie aber leicht die Macht ihrer Empfehlungen. Mit dem schwindenden Verlangen nach dem Partner, der Langeweile im Bett, müssen sich selbst Paare abfinden, die eine gute und lebendige Beziehung führen. Oftmals gibt es gar keine tieferen Gründe für den Lustverlust, für das Ende der Liebe und den Beginn der Seitensprünge. Diese bedauerlichen Ereignisse müssen keineswegs Anzeichen für eine vermeidbare oder korrigierbare Fehlentwicklung der offiziellen Partnerschaft sein. Es stimmt einfach nicht, dass sie normalerweise zu verhindern gewesen wären, wenn beide öfter miteinander gesprochen und ihre Bedürfnisse, Gefühle und Wünsche stärker zum Ausdruck gebracht hätten. In der Beziehung muss überhaupt nichts schiefgelaufen sein. Das gängige Vorurteil, dass alle Beziehungsprobleme durch mehr Reden lösbar seien, beruht auf einem schweren Irrtum; manche Probleme entstehen hierdurch überhaupt erst.

Gleichfalls ist es nicht richtig, dass jede Geheimniskrämerei einen von sich selbst und dem Partner entfernt. Statt erfolglos zu versuchen, die erloschene Leidenschaft mit professioneller Hilfe wiederzubeleben, könnte einfach mehr Verschwiegenheit beim Fremdgehen gefragt sein: Diskretion statt Diskussion! Schon der römische Schriftsteller Ovid erlaubte seiner Geliebten Seitensprünge, bat sie aber, ihm diese zu verheimlichen, und als in Arthur Schnitzlers *Traumnovelle* dieses delikate Thema und die geheimen Sehnsüchte der Hauptfiguren, eines Ehepaars, zur Sprache kommen, bremsen sie sich gegenseitig mit den Worten: »Frage mich nicht weiter, Fridolin [...] Frag' auch du nicht weiter, Albertine.«

Wahrheitsliebe um jeden Preis ist genauso problematisch wie die sofortige Trennung nach Aufdeckung eines Seitensprungs oder einer Affäre. Manchmal ist es klüger, zu biegen als zu brechen. Ehrliches Schwindeln verdient gegenüber verlogener Wahrhaftigkeit den Vorzug. Eine gediegene Ausrede ist zivilisierter als der selbstquälerische Redlichkeitskult unserer Zeit. Sie drückt keineswegs moralische Verkommenheit aus. Der Abklatsch puritanischer Wertvorstellungen neigt zu einer künstlichen Empörung über Fehltritte, die viele selbst gerne begangen hätten. Wir alle haben Freiräume nötig. Deshalb beweist man größere Achtung voreinander, wenn man sich gegenseitig Geheimnisse zugesteht, als wenn man auf unverbrüchliche Treue besteht. »Mein Herz hab' ich allein«, betont Goethes *Werther* mit Recht. Vielleicht besteht die Kunst des Lebens ja gerade darin, »die Wahrheit zu verdunkeln«, wie Gabriele d'Annunzio vermutet. Jedenfalls ist die moralische Überlegenheit der sogenannten Geradlinigen, die ihr hartnäckiges Bohren in Verdächtigungen als Liebe zur Aufrichtigkeit preisen, eine unberechtigte Anmaßung. Denn ihr Vorgehen ist keineswegs so selbstlos, wie es scheint, sondern ebenfalls größtenteils egoistisch ausgerichtet.

Ganz nüchtern formuliert, geht es nicht ohne »Ventilsitten«. Seit Menschengedenken besteht ein Missverhältnis zwischen ethischem Anspruch und wirklichem Leben. Die Tatsache, dass sich das wirkliche Sexualverhalten auch nach der sexuellen Befreiung im 20. Jahrhundert nur teilweise mit dem anerkannten Normensystem deckt, verdichtet den Verdacht fast zur Gewissheit: Heucheleien sind im Sexual- und Liebesleben unvermeidlich, das immer wieder von Neuem heimliche Ausgänge aus dem rigorosen, moralisch hochgespannten Beziehungsalltag sucht. Allen anders lautenden Treueschwüren zum Trotz sind sehr viele Menschen zu sexueller Untreue bereit, bei der sich die meisten nur nicht gerne in die Karten schauen lassen möchten. Wie Andrea Sperelli, der Titelheld von d'Annunzios Roman *Lust,* schrecken sie »in der Kunst der Liebe vor keiner Verstellung, keiner Falschheit, keiner Lüge zurück. Ein großer Teil von Sperellis Stärke lag in der Heuchelei.«

Doch möge das Lügen im Sexual- und Liebesleben noch so unvermeidlich und die damit verfolgten Absichten nicht auf eine Schädigung des Belogenen abzielen – trotzdem erschüttern Lügen das Vertrauen des Partners, missachten dessen Interesse an Wahrheit und sein Recht auf Selbstbestimmung. Daraus folgt: Eigentlich ist das Lügen hier wie sonst meistenteils moralisch verwerflich. Im Einzelfall aber ist es dennoch unvermeidlich zur Ermöglichung der Abfuhr angestauter Triebenergien. Diese lassen sich in einem noch so liberalen Moralsystem nicht dauerhaft unterbringen. Das Lügen gehört zu den offiziell diffamierten, aber inoffiziell tolerierten Konventionen des Sexual-

und Liebeslebens, in dem Seitensprünge und Affären immer wieder vorkommen. Gewiss soll man diese Dinge nicht zu leicht, aber erst recht nicht zu schwer nehmen. Eine gewisse Leichtigkeit im Umgang mit den Widersprüchen des Lebens kann keineswegs schaden. Dennoch bleibt Verlogenheit ein Übel. Nur ist eine schonende Täuschung manchmal ein kleineres Übel, als es die schmerzliche Wahrheit wäre.

Um es mit Wilhelm Busch zu sagen: »Es gibt ja leider Sachen und Geschichten,/ Die reizend und pikant,/ Nur werden sie von Tanten und von Nichten/ Niemals genannt./ Verehrter Freund, so sei denn nicht vermessen,/ Sei zart und schweig auch du!/ Bedenk: Man liebt den Käse wohl – indessen,/ Man deckt ihn zu.«

FLIRTS, SEITENSPRÜNGE UND AFFÄREN

Die Ruhe, in der man lebt, ist nicht immer das Glück, das man erträumte. Solange der Einzelne noch eine gewisse sexuelle Vitalität verspürt, kann eine bewährte Partnerschaft weder lustvolle Erregung ersetzen noch die Sehnsucht nach anderen Sexpartnern auslöschen. Typisch für längere Beziehungen sind die Beschwerden der Männer über zu wenig Sex und die Wünsche der Frauen nach mehr Zärtlichkeit und Liebe. Menschen suchen beides: Sex und Liebe, das eine bisweilen mehr als das andere, manchmal auch das eine durch das andere. Dann wird Liebe versprochen, um Sex zu bekommen, oder es wird von Sex gesprochen, um Liebe zu wecken. Jedenfalls genügt der von Routinen geprägte Ehealltag den sinnlichen Bedürfnissen vieler

Menschen nicht. Nach katholischer Sexuallehre bedeutet eheliche Liebe so viel wie Ausschließlichkeit und Endgültigkeit: Nur dieser eine Mensch für immer! Allerdings wird gegen diese Regel heute vermutlich mehr als früher verstoßen. Ehen sind nicht mehr in erster Linie rational geschlossene Versorgungsbündnisse. Vor allem stellen sie erotische Erlebnisgemeinschaften und Gefühlsallianzen dar, die auf affektiver Zuneigung, sexueller Anziehung und Liebe beruhen. Genau deshalb erweisen sie sich als überaus brüchig und störanfällig. Gerade die starke Erotisierung der Ehe als Sex- und Liebesbeziehung untergräbt ihre Stabilität. Denn hohe Gefühls- und Liebeserwartungen lassen sich nicht dauerhaft erfüllen. Kinderpflege, Haushalt und andere Alltagssorgen ziehen geradezu zwangsläufig die Entzauberung von Sex und Liebe nach sich. Aber auch behagliche Sicherheit und Geborgenheit führen zur Pulsverlangsamung und Lustermüdung. Irgendwann werden aus den »Schmetterlingen im Bauch« wieder »langsam kriechende Raupen«; Traumprinzessinnen und Märchenprinzen verwandeln sich zurück in gewöhnliche »Frösche«.

Nur verschwinden damit nicht alle erotischen Bedürfnisse. Früher oder später liegt in den Umarmungen und Küssen der Lebensgefährten etwas Verzweifeltes, das ein Sehnen nach größerer Wollust hinterlässt. Häusliche Mittelmäßigkeit treibt zu ausschweifenden Fantasien, eheliche Gemütlichkeit zu ehebrecherischen Gelüsten. Auf einmal hat das vertraute Zuhause seine anheimelnde Milde verloren. Statt beim langjährigen Partner werden dann Sex und Liebe an anderen Stellen gesucht – im harmlosesten Fall in Romanen und Filmen, wo andere stellvertretend für einen lieben. Viele fliehen in flüchtige Sexualkontakte und leidenschaftliche Affären, andere verlassen sich auf ihre Hände. So oder so: Bewährte Lebenspartnerschaft und aufregendes Liebesabenteuer, die ursprünglich mal als Einheit gedacht waren, treten mit der Zeit auseinander.

Es bleibt ein aussichtsloses Unterfangen, beides dauerhaft miteinander versöhnen zu wollen. Sicherheit und Geborgenheit stehen irgendwann im Widerspruch zu Aufregung und Abenteuer. Dieser Widerspruch kann nicht aufgehoben, sondern muss ausgehalten werden. Die Entscheidung für eine der beiden Seiten ändert nichts am Fortbestehen beider Wünsche, zu denen oftmals noch zwei weitere gegensätzliche Bedürfnisse hinzukommen: Die meisten Zeitgenossen möchten einerseits unabhängig und frei bleiben, andererseits sich binden und anlehnen können. Obwohl sie gelegentlich starke Lust verspüren, abends nicht nach Hause zu gehen, bedeuten ihre kurzen Ausbrüche aber nicht automatisch, dass die Ordnung und Sicherheit ihres Daseins auf Schein und Lüge errichtet wurden. Warum soll nur eines von beiden richtig sein? Wie viele haben nur ein halbes Leben? Vielleicht wird es ja erst dadurch zu einem Ganzen, dass man zeitweilig zwei verschiedene Leben, eben ein Doppelleben führt?

Oftmals ist es gar nicht so sehr die fremde Person als vielmehr der Reiz des Neuen, der die Menschen ihre bewährte Beziehung riskieren und ein Doppelleben führen lässt. Doch wie es viele unglückliche Paare gibt, die trotz Unzufriedenheit, Frustration und Verbitterung einander treu bleiben, so begehen manchmal auch glücklich Verheiratete Seitensprünge. Auch wenn sie sich nicht vorwerfen müssen, etwas in ihrer Beziehung falsch gemacht zu haben, hat diese dennoch ihren sexuellen Reiz eingebüßt. Sexuelle Interessen lassen sich nur selten, im Grunde gar nicht ein ganzes Leben auf ein und denselben Menschen fixieren. Jede noch so große Leidenschaft birgt das Gähnen künftiger Langeweile in sich, jede Lust künftigen Überdruss. Dies ist das Schicksal alles Menschlichen. Aber was wird mit all den Sehnsüchten, die die Ehe nicht mehr stillen kann? Auch wenn man seinen Partner liebt, kommt doch unweigerlich der Moment, wo der Körper des anderen reizlos für die eigenen Geschmacksnerven wird.

Allerdings kann man auch nach dem sexuellen Erkalten noch ein gutes Paar füreinander sein. Sexuelle Untreue schließt Herzenstreue keineswegs aus. Sexuelles Begehren und psychische Verbundenheit werden im Laufe der Zeit nur einfach voneinander geschieden, wodurch ein bindungsloses Sexualverhalten möglich wird. Jetzt können große Lustenergien ohne nennenswertes psychisches Engagement aufgebracht werden. Man kann es mit jemandem nach allen Regeln der Kunst treiben, ohne verliebt sein zu müssen. Allerdings scheinen Männer eher als Frauen zu »schnellen Dates« ohne gefühlsmäßig tiefere Bedeutung bereit und fähig zu sein.

Das Bedürfnis nach solchen nebenpartnerschaftlichen Sexualkontakten verurteilen die einen als Ausdruck mangelnder emotionaler Disziplin, während es die anderen als gesteigerte Lebensqualität preisen. Was in sogenannten offenen Beziehungen gemeinsam ausgestritten wird, muss in geschlossenen Partnerschaften, in denen Treue mehr bedeutet, als nur abends pünktlich nach Hause zu kommen, einsam ausgelitten werden, wenn sie nicht zuvor zerbrechen. So hat die sexuelle Befreiung uns zwar jede Verdrängung und Angst vor der Erotik genommen, auch mit der alten Doppelmoral ansatzweise gebrochen, zugleich aber hat sie den Einzelnen in eine unauflösbare Verwirrung und rastlose Unruhe gestürzt. Wie oft kommen heute die

Menschen zum Ergebnis, sobald sie eine intime Verbindung eingehen, dass selbst diese es nicht ist, was sie eigentlich suchen. Paradoxerweise treibt gerade ihr Verlangen nach einer dauerhaften, exklusiven und von Liebe getragenen Beziehung sie in die Arme vieler Liebhaber.

Aber schon das schlichte Verlangen nach Abwechslung, dem Neuen, treibt sie wiederholt zur Jagd nach frischen Sexualkontakten. Viele machen sogar das Gelingen ihres Lebens von der Antwort auf die Frage abhängig, die Jacques Lacan so formuliert: »Hast du in Übereinstimmung mit dem Begehren gehandelt, das in dir ist?«

Jedenfalls ist die »monogame Beziehung« nur eine Lebensform unter anderen. Stark verbreitet ist die »Monogamie mit doppeltem Boden«, bei der man zusätzlich eine geheime Geliebte oder einen Liebhaber hat, wenn nicht sogar mehrere. Eine dritte Form ist die »offene Partnerschaft« und eine vierte die »serielle oder sukzessive Monogamie«. Darin bleibt der Einzelne für eine gewisse Zeit mit einem Partner zusammen, bevor dieser dann durch einen anderen abgelöst wird. Daraus entstehen leicht »Kettenehen«, aus denen wiederum »Patchworkfamilien« hervorgehen. Eine fünfte Form stellt die »synchrone Polygamie« dar, wonach der Einzelne verspielte Sexualkontakte gleichzeitig zu mehreren Personen unterhält. Hierzu gehört der »One-Night-Stand« ebenso wie das »Intimnetzwerk«. Darunter ist ein Verzeichnis mit Personen zu verstehen, mit denen man sich hin und wieder zum Sex trifft, wie es sich ergibt und wann es am besten passt, ob zu zweit, zu dritt oder in der Gruppe. Eine spezielle Form des One-Night-Stand ist der anonyme »Spontanfick«, der ungeplant und ohne längere Anlaufzeit geschieht. Ausschließlich um Sex geht es natürlich auch beim Besuch von Prostituierten, den Arthur Schnitzler so kommentiert: »Es bleibt immer das Bequemste –, und die Schlimmsten sind es auch nicht.« Dazu erfreuen sich Swingerclubs zunehmender Beliebtheit, die aufgrund ihres erotischen Flairs einen besonderen Kick und Reiz haben können. Sie sind eine Bereicherung für Paare, die gemeinsam außerhalb ihrer Beziehung sexuelle Bäumchen-wechsel-dich-Spiele suchen. Das alles ist nichts Außergewöhnliches – und das ist gerade das Besondere daran.

In der westlichen Welt sind mittlerweile rein sexuelle Kontaktaufnahmen leichter möglich als früher. Jedenfalls ist Fortpflanzung in der Ehe nicht mehr der einzige zulässige Zweck von Sex. Sex bedarf nicht einmal der Rechtfertigung durch partnerschaftliche Nähe und Liebe. Heute darf Sex ohne jeden übergeordneten Zweck aus bloßem Spaß an der Freude praktiziert werden. Liebesgefühle, Treueschwüre und Partnerschaftsabsichten sind hierfür keine Voraussetzungen mehr. Nach dem Motto: »Einmal ficken – weiterschicken« sind viele Zeitgenossen auf der Jagd nach einmaligem Sexspaß. Ohne schlechtes Gewissen drängt es sie zum »Anmachen, Abschleppen und Aufreißen«. Man möchte das Leben leicht nehmen dürfen, weil man andernfalls verloren wäre. »Leichtsinn ist das Beste, was wir haben«, vermerkt Theodor Fontane.

WENN DIE WAHRHEIT ANS LICHT KOMMT

Das eigene Leben zu führen, ohne seine Lebensgefährtin oder seinen Lebensgefährten zu enttäuschen und zu verletzen, ist nahezu unmöglich. Obwohl viele Seitensprünge und Affären vom Reiz des Geheimnisses zehren, finden sie doch oftmals heimlich statt, gerade um den betrogenen Partner vor Kränkung und Verwirrung zu schützen. Dennoch verspüren einige Fremdgänger bei allem erotischen Kitzel ein das Gewissen entlastendes Bedürfnis, den Lebenspartner offen über den Seitsprung oder die Affäre aufzuklären. Sie ertragen die Lüge nur für kurze Zeit. Hierbei stellen sie sich oftmals nicht die Frage, ob der Partner die Wahrheit überhaupt erfahren möchte und verkraften kann. Es sind moralische Skrupel, die Seitenspringer auf solche Beichten festlegen. Aber zu viel Offenheit kann dem Vertrauen schaden.

Dennoch halten viele Zeitgenossen es für fair, dem Lebenspartner »reinen Wein einzuschenken«, weil sie Vertrauenswürdigkeit als solche schätzen. Der Partner habe ein Recht auf die ungeschminkte Wahrheit, da er sich nur so ernst genommen fühlen und selbst bestimmen könne, wie er leben möchte. Allerdings kommen wohl die meisten Seitensprünge und Affären eher unfreiwillig und zufällig ans Tageslicht.

In der Regel fügen solche Aufdeckungen langjährigen Partnerschaften schwere, oft auch irreparable Schäden zu. Die häufigsten Folgen sind verzweifelte Tränenkrämpfe, versteinerte Verbitterung, boshafter Trotz, Schlafstörungen und Zornausbrüche. Oft fallen bösartige Worte. Im Extremfall kommt es zu Gewaltandrohungen, auch Gewalttaten bis zu jenen Tragödien, in denen eine Frau oder ein Mann die ganze Familie und anschließend sich selbst tötet.

In den Stunden äußerster Aufgebrachtheit mit durchweinten Nächten und zerschmissenem Porzellan bleiben die betrogenen Frauen und gehörnten Männer vom Erlebnis der sie bedrängenden Verletzungen bisweilen gänzlich gefangen. Sie sehen sich außerstande zu einem sachlichen Gespräch. An solchen Tagen ist viel die Rede von Vertrauensbruch und Vertrauensverlust.

Es kommt zu fürchterlichen Eifersuchtsszenen, in denen die Betrogenen ihre Beziehung durch ihre Rivalen gefährdet sehen. Hierbei schiebt die Fantasie ihnen ganze Serien demütigender Bilder unter. Unerträglich ist für sie die Vorstellung, dass der Partner in den Armen eines Dritten liegt, dessen Hände seinen nackten Körper mit neugieriger Lüsternheit berühren. Erst recht ekelt sie die Vorstellung, dass der Partner seine Zunge in den Hals einer anderen Person gesteckt und mit ihr geschlafen haben könnte, bevor er dann einen selbst mit Küssen überhäufte.

Allerdings kann die Zuneigung auch völlig ungebrochen bleiben. Dann versucht man den Partner weiter an sich zu binden, nicht loszulassen, jedenfalls keinem Dritten zu überlassen.

Häufig steckt hinter Eifersucht eine tiefe Angst vorm Verlassenwerden. Sie gehört zum biologischen Erbe der Menschheit, das sich zwar nicht ausschalten, aber kulturell so überformen lässt, dass man damit vielleicht zivilisiert umgehen kann.

Von ihrer Eifersucht abgesehen fühlen sich die Betrogenen von ihrem Partner gedemütigt, beleidigt und verraten, weil dieser es zuließ, sich von Dritten faszinieren zu lassen. Deshalb ist es nicht weiter verwunderlich, dass sie von der Rivalin oder dem Rivalen mit starker Geringschätzung sprechen und ihnen alle erdenklichen Schwächen andichten. Nach allem, was man füreinander war und miteinander erlebte, möchte es einem nicht in den Kopf, wie man sich von einer so oberflächlichen Person fesseln lassen kann.

Empörungen solcher Art erscheinen dann als absurd, wenn Betrug und Lüge für den Betrogenen selbst alltägliche Gewohnheiten sind. Es gibt Menschen, die regelmäßig fremdgehen, aber bei dem Gedanken an einen Seitensprung ihres Partners regelrecht verrückt spielen.

Außerdem fürchten die Betrogenen einen Gesichtsverlust durch die Schadenfreude oder das Mitleid der Nachbarn und des Bekanntenkreises. Deren Neugierde überschreitet für gewöhnlich das Maß ihrer Anteilnahme. Häufig bieten solche Geschichten ihnen unterhaltsame Zerstreuung. In dieser aufgewühlten Gefühlslage wird die Lüge von den Betroffenen meistens als schlimmer empfunden als das Fremdgehen.

Dennoch wäre eine offene Aussprache angebracht, die allerdings ein Nachlassen der schmerzlichen Erregung und Verletzung voraussetzt. Erst dann kann man wieder einen klaren Gedanken fassen und sich gegenseitig aufmerksam zuhören. Gespräche solcher Art sind für gewöhnlich nicht gleich möglich, da hierfür eine gewisse Distanz zu den eigenen Gefühlen, Ängsten, Sehnsüchten und Kränkungen erforderlich ist. Doch nur Gespräche können Klarheit schaffen, ohne selbstverständlich die strittigen Vorfälle ungeschehen zu machen. Wie aber der Belogene die Lügen nicht überbewerten sollte, die wahrscheinlich gar nicht aus böser Absicht erfolgten, sondern vermutlich Ausdruck einer verzwickten Lebenslage waren. Genauso sollte der Lügner den Ärger und die Vorwürfe des Partners geduldig ertragen, zu seinen Taten stehen und sich erklären, statt sich zu entschuldigen. Bei alledem sollte sich aber keiner der beiden von den Worten berauschen lassen, die der erste Augenblick des Schmerzes und der Hilflosigkeit eingibt. Denn in solchen Situationen werden gerne unfertige Gedanken, die einem gerade durch den Kopf schießen, vorschnell ausgesprochen. Es wird leicht etwas geäußert, das gar nicht gesagt werden sollte.

Allerdings kann man sich auch gekränkt und schändlich hintergangen fühlen, ohne von Hass und Rache erfüllt zu sein. Wohl dem, der verzeihen kann, weil er hierdurch Stress abbaut, der seine physische und psychische Gesundheit zu gefährden vermag. Wer vergibt, erweist sich häufig selbst einen großen Gefallen. Die Kunst des Überstehens, wie August Strindberg sie versteht, liegt im »Durchstreichen und Weitergehen«. Dies heißt so viel wie zu verzeihen, zu verdrängen oder zu vergessen, um lebensfähig zu bleiben. Aber nachdem alles einmal aufgeflogen ist, wird vermutlich nichts mehr so sein können wie zuvor, selbst wenn unter das Vergangene ein Schlussstrich gezogen und wieder Vertrauen für die Zukunft geschöpft wird.

Je nachdem, wie prickelnd die Lebenspartnerschaft noch in sexueller Hinsicht ist und wie intensiv das Bedürfnis nach außerpartnerschaftlichen Sexualkontakten und Romanzen fortbesteht, können die Arrangements sehr verschieden ausfallen. Sie reichen von dem selbstquälerischen monogamen Versprechen, es nie wieder zu tun, über die Vereinbarung einer mehr oder weniger diskreten offenen Partnerschaft bis zur endgültigen Trennung im Guten oder Bösen. Bei der Suche nach richtigen Lösungen und neuen Möglichkeiten können Paartherapien durchaus hilfreich sein. Die wohl besten Chancen zur Rettung ihrer Beziehung haben jene Paare, bei denen die Seitensprünge verhältnismäßig belanglose One-Night-Stands bleiben. Man muss nicht gleich an der Welt irrewerden, nur weil einem etwas passierte, das schon Tausenden zuvor passiert war und noch Tausenden nach einem passieren wird. Jedenfalls zeugt eine Trennung läppischer Abenteuer wegen von einer gewissen infantilen Unreife.

Ähnlich gut liegen die Chancen zur Fortsetzung einer Beziehung, wenn die partnerschaftliche Bindung, Harmonie und Vertrautheit trotz abgelebtem Sex und erloschenem Liebeswahn weiterhin stark ist. Im Unterschied dazu können fortdauernde Disharmonie und anhaltende leidenschaftliche Liebesgefühle für eine dritte Person gute Gründe werden, die offizielle Beziehung zu beenden. Dieser schmerzhafte Schritt scheint nahezu unvermeidlich zu sein, wenn mit dem Senkblei der Verständigung nicht mehr ein gemeinsamer Beziehungsgrund zu erreichen ist und nur noch Ekel, Wut und Langeweile ums Bett kriechen.

Doch selbst wenn eine Partnerschaft trotz aller Affären glimpflich davonkommen sollte, weil beide weiter beieinanderbleiben möchten, ist es unmöglich, der gemeinsamen Zukunft ein monogames Horoskop zu stellen, was Arthur Schnitzler so ausdrückt: »Nun sind wir wohl erwacht, sagte sie –, für lange. Für immer, wollte er hinzufügen, aber noch ehe er die Worte ausgesprochen, legte sie ihm einen Finger auf die Lippen und wie vor sich hin flüsterte sie: Niemals in die Zukunft fragen.«

CHATROOMS, PORNOLINES UND DATINGCAFÉS

Der Flaneur von heute ist ein Chatter im Internet. Sex über das Internet ist einer der gefragtesten Konsumgüter unserer Gesellschaft geworden. Während die einen nur auf der Suche nach passendem Foto- und Filmmaterial zur sexuellen Selbstbefriedigung sind, geht es den anderen um Cybersex, das heißt um sexuelle Kontakte mit Personen im Netz.

Noch vor wenigen Jahren war die pornobasierte Masturbation lediglich in Schmuddelkinos oder in Einzelkabinen von Sexshops möglich. Heute kann das Gleiche leicht zu Hause im Wohnzimmer vor dem DVD-Player, am PC oder noch bequemer vor dem Laptop, Netbook oder iPad im Bett oder zwischendurch mal am Smartphone erledigt werden. Wie viele Frauen und Männer klicken sich ins Internet zu ausschweifenden Sexchats oder auf Pornos, sobald sie alleine daheim sind! Immer mehr kostenlose Zugriffe sind auf derlei Angebote inzwischen möglich.

Hier können die Cybernauten offen Intimitäten austauschen, weil sie wie einst die Sünder vor den Gitterfenstern der Beichtstühle unsichtbar und anonym bleiben. Das Netz ermöglicht ihnen, anerzogene Hemmungen zu überwinden, verbale Blockaden zu öffnen und verborgene Seiten von sich zu offenbaren. Viele Internetnutzer sind in den einschlägigen Chatrooms oftmals authentischer als in ihren realen Beziehungen. Gleichzeitig ermöglicht das Netz aber auch »Fakern« ihren Auftritt, die sich gerne hinter erfundenen Wunschidentitäten verstecken. Am meisten schwindeln diese über Alter, Gewicht, Körperbau und Beruf, wenn sie nicht sogar mit falschen Fotos und verkehrten Angaben zum Familienstand für sich werben.

Die Ausbrüche in virtuelle Sexwelten können zu einer starken Belastung für die Partnerschaft werden. Nachweislich trugen sie öfter schon zu Trennungen und Scheidungen bei. Zugegebenermaßen ist die Selbstbefriedigung vor wechselnden Pornobildern oder Cybersex bereits eine Form des Fremdgehens. Nur sollte nach allem bisher Dargelegten über diese Art des Ehebruchs großzügig hinweggesehen und solche virtuellen One-Night-Stands nicht überbewertet werden. Auf die Frage, wie man sich den internetbasierten Seitensprüngen gegenüber verhalten soll, gibt es nur eine Antwort: großmütig darüber hinweggehen! Es geht nun einmal nicht ohne »Ventilsitten«.

Der Gebrauch des Internets als eines Navigationssystems bei der Suche nach Sexualkontakten und Lebenspartnern führt gleichermaßen zu einer Verinnerlichung und Veräußerlichung des eigenen Daseins, wie Eva Illouz betont. Es wird ein Prozess der Verinnerlichung angestoßen, insofern sich der Einzelne intensiv mit sich selbst befassen muss, um Klarheit über die eigenen Merkmale, Wünsche, Neigungen und Ideale zu gewinnen. Mit dieser gesteigerten Selbstwahrnehmung geht eine öffentliche Selbstdarstellung, und das heißt: Veräußerlichung einher. Denn man stellt sich ja auf einem offenen Markt, den das Gesetz von Angebot und Nachfrage regiert, als Ware aus, die mit anderen Waren in virtuellen Regalen konkurriert. Beim Chatten mit dem Ziel, neue Personen für unkomplizierten Sex oder eine längerfristige Partnerschaft kennenzulernen, führt man eine Art Verkaufsgespräch. Jedoch kommt es oft gar nicht zu Verabredungen. Die Vorlust bleibt gleichsam im Virtuellen stecken. Über mehrere

Wochen werden manchmal E-Mails mit dunklen Fantasien und hellen Tagträumen ausgetauscht, bevor die Gespräche ins Leere laufen, weil sich inzwischen wieder neue Möglichkeiten ergeben haben. Viele spielen nur mit der Gelegenheit, ohne sie ernsthaft ergreifen zu wollen, weil sie ihren Marktwert austesten möchten oder sich nicht trauen.

Folgt auf die internetgestützte Suche nach geeigneten Profilen dennoch ein Date, so ist die Enttäuschung bisweilen groß, sei es, weil die Erwartungen unrealistisch hoch waren oder die Fotos und die Angaben im Profil mit der realen Person nur teilweise übereinstimmen. Eines ist der sprachliche und virtuelle Auftritt im Netz, etwas anderes die lebendige Begegnung. Da weiß man häufig schon auf Anhieb oder nach wenigen Minuten, dass sie oder er nicht der Richtige ist, obwohl man intensiv eine Zeit lang miteinander chattete und verhältnismäßig sicher war, dass es passen könnte.

Die meisten schätzen an solchen Kontaktseiten, dass sie hierüber Menschen mit gleichen oder passenden Vorlieben kennenlernen können. Jedenfalls führt die internetgestützte Kontaktsuche nicht notwendigerweise zur Verarmung des Gefühlslebens, auch wenn die Gefahr besteht, zu viel Lebenszeit ineffektiv vor dem Rechner zu vergeuden. Doch zugleich eröffnet das Internet den Menschen bis dahin ungekannte Möglichkeiten der Kontaktaufnahme auf lockere und unverbindliche Weise, die sie sonst nicht gehabt hätten. Zahlreiche Liebesbeziehungen und Intimnetzwerke haben sich auf diesem Wege gebildet. Es gibt Frauen und Männer, die sich vor jeder Geschäftsreise oder Städtetour mit anderen Personen übers Netz zum Sex verabreden. Nachdem fast jeder ein Handy besitzt, ist es noch leichter geworden, heimliche Affären zu organisieren.

Mit großer Leichtigkeit gehen manche von einem Seitensprung zum nächsten, umgarnen gleichzeitig verschiedene Personen, weben skrupellos ein Netz von Verstellung und Hinterlist, um möglichst reiche Beute zu machen. Stresst die eine Geliebte, sucht man Trost am Busen der anderen. Manche Menschen kommen erst zwischen mehreren Liebhabern ins Gleichgewicht. Sie finden gerade in den Widersprüchen des Lebens ihre Balance.

Dank der neuen Medien ist es leichter geworden, mehrere amouröse Abenteuer nebeneinander zu haben, ohne dass die Betroffenen voneinander wissen. Möglicherweise hält sich jeder von ihnen für das einzige Abenteuer ihrer Geliebten oder ihres Liebhabers. Diese Illusion kann eine Zeit lang aufrechterhalten werden, weil der Sexpartner über SMS, E-Mail oder Handy praktisch jederzeit erreichbar ist. Trotzdem bleibt er irgendwie unfassbar. Denn es lässt sich nicht ermitteln, von wo er seine Liebesschwüre abschickt, ob aus der Wohnung, dem Büro oder dem Bett einer zweiten Geliebten oder eines weiteren Liebhabers.

So wichtig schriftlich angegebene Merkmale der eigenen Person im Profil sind, ohne Bilder im Netz sind die Chancen eher gering, neue Personen kennenzulernen. In den Chatrooms der Flirtlines gilt die nicht festgeschriebene Regel: »Kein Bild – keine Antwort!« Dies ist ein eindeutiges Indiz dafür, dass man auf der virtuellen Vermittlungsbörse vorrangig über das Körperbild in Konkurrenz zu anderen tritt. Geht es um bloße Sexualkontakte, halten sich die Menschen selbstverständlich an oberflächliche Äußerlichkeiten. Sie geben sich nur deshalb mit weniger zufrieden, weil sie den eigenen Marktwert halbwegs realistisch einschätzen können. Nicht so attraktive Personen verzichten auf die Jagd nach besonders attraktiven, um nicht dauernd einen Korb zu bekommen.

Selbst am Anfang einer romantischen Beziehung stehen weniger innere als vielmehr äußere Werte. Einschlägige Untersuchungen zum sogenannten Speed-Dating bestätigen diese Vermutung. Bei solchen Kuppelabenden treffen fünf bis zehn weibliche Singles ebenso viele Männer in einem Lokal. Im Takt der Stoppuhr haben sie jeweils einige Minuten Zeit für ein kurzes Gespräch mit jedem von ihnen. Anschließend sollen sie auf einem Zettel vermerken, welche Personen sie am liebsten wiedersehen möchten. Vor dem Kuppelspiel haben sie bereits einige Wunschmerkmale ihres künftigen Partners notiert, wozu in der Regel angemessenes Einkommen, Gesundheit, Kinderwunsch, Aufrichtigkeit, Intelligenz und Humor gehören.

Nun zeigt die Erfahrung, dass die angegebenen Präferenzen bei den Flirts fast gar keine Rolle spielen. In den meisten Fällen gibt die äußerliche Attraktivität des Gesprächspartners den Ausschlag für den Wunsch, sie oder ihn wieder treffen zu wollen. Hieraus erhellt sich einmal mehr, wie sehr wir gerade am Anfang einer Beziehung auf Äußerlichkeiten achten, und warum Internetauftritte ohne Bilder praktisch ohne Resonanz bleiben. Das Aussehen ist die Eintrittskarte zu einer Affäre oder Beziehung. Wie ausgeführt, unterscheidet sich die Menschenwelt in diesem Punkt kaum von der Tierwelt, wo sich die Weibchen in der Balzarena von großen Geweihen, gewagten Tänzen, bunten Federkleidern oder schönem Gezwitscher beeindrucken lassen. Offenbar sind wir noch nicht in jeder Beziehung von den Bäumen gestiegen! Allerdings setzt die Beständigkeit einer Beziehung auf weiblicher Seite mehr voraus als eine enge Taille, wogende Brüste und weiche Gesichtszüge, die einen hohen

Östrogenspiegel und damit größeren Erfolg bei der Fortpflanzung versprechen. Auf männlicher Seite erfordert das Gelingen einer Beziehung mehr als nur eine ausgeprägte Muskulatur, breite Schultern und ein kantiges Gesicht, die einen hohen Testosteronspiegel und ein großes Maß an Fitness verraten.

Ein ansprechendes Äußeres spielt zwar bei der ersten Kontaktaufnahme eine große Rolle. Gleichwohl wird für eine Partnerschaft gar nicht so selten eher eine warmherzige »Mum« oder ein solider »Daddy« zum Anlehnen als ein knackiger Vamp oder herausgeputzter Adonis gesucht. Allerdings bekommen viele Frauen lediglich einen »großen Jungen« zum Mann!

Am Ende entscheiden sogar erst eine übereinstimmende Lebens- und Denkweise, vergleichbare Bildung, ähnliches Einkommen und gleiche gesellschaftliche Position, ob sich eine dauerhafte Beziehung entwickeln wird. Das jeweilige Sozialmilieu paart gleichsam seine Angehörigen und macht sie einander verwandt. Allerdings sei damit nicht gesagt, dass strategisches Kalkül die Partner- und Liebessuche bestimmt, wenngleich das auch oft genug der Fall ist. Die meisten Menschen bestreiten vermutlich, dass ökonomische Erwägungen, soziale Stellung, Geschmack und Bildungsniveau für sie bei der Partnerwahl im Mittelpunkt standen. Sie seien hierzu in erster Linie von Liebe bewegt worden, und die Zugehörigkeit des späteren Partners zur eigenen Sozialschicht sei keine Voraussetzung hierfür gewesen. Dennoch bleibt eine unleugbare Tatsache, dass am ehesten Menschen aus der gleichen Schicht zusammenkommen. Sie entscheiden sich am häufigsten für Partner, die mit der eigenen gesellschaftlichen Stellung vereinbar sind. Die meisten längerfristigen Beziehungen werden zwischen Mitgliedern derselben Sozialmilieus geschlossen. Nur selten heiraten etwa gebildete

Akademiker einfache Arbeiter. Anscheinend achten Paarungswillige heute mehr oder weniger unbewusst selbst auf die Passung der sozialen und ökonomischen Voraussetzungen, worauf bekanntlich in der Vormoderne die Eltern bei der Verheiratung ihrer Kinder so großen Wert legten.

Ganz anders verhält es sich hiermit, wenn bloß ein Seitensprung im virtuellen Supermarkt der sexuellen Reize gesucht wird. In diesem Falle ist eine übereinstimmende Denk- und Lebensweise zweitrangig, geht es doch jetzt nur um das »Eine«. Allerdings vermag die Macht sinnlicher Leidenschaft selbst einen harmlosen One-Night-Stand schon unter die Gewalt intensiver Gefühle zu bringen. Erst recht kann sich die Lage durch die Verstetigung des Sexualkontakts leicht verkomplizieren. Denn je öfter sich die Spielgefährten treffen, umso größer wird das Liebesrisiko mit dem dazugehörigen Kontrollverlust. Beischlaf fängt! So können aus Seitensprüngen, die sich in Affären verwandeln, früher oder später intensive Parallelbeziehungen werden, die nicht selten tragisch enden.

TRAGISCHE LIEBSCHAFTEN

»Wer treu ist, kennt nur die triviale Seite der Liebe; der Treulose ist es, der die Liebestragödien kennenlernt«, schreibt Oscar Wilde. Obgleich man seit Jahren in einer festen Beziehung lebt, bleibt manchmal die Märchenprinzessin oder der Traumprinz eine imaginäre Figur, die mit jedem Ausgehen von Neuem entsteht und einen wie ein Weggefährte des Begehrens über viele Jahre durch das Leben begleitet. Schade, dass man von seiner Beziehung wie von so vielem im Leben nur »fast« sagen kann:

»Fast« wäre es gut gegangen, »fast« geglückt! Dabei hatte man sich doch seinerzeit gar nicht getäuscht: Man war einst über beide Ohren in den Lebenspartner verliebt gewesen. Aber das Glück, das sich aus der damaligen Liebe hätte ergeben müssen, war nie eingetroffen.

Manche Menschen drängt es nach heimlichen Abenteuern, weil sie einfach das Jagen nach Freiwild nicht lassen können. Andere gehen fremd der bereits erörterten Gewöhnung und Alltagssorgen wegen, die dem ehemaligen Kribbeln seine Frische, Fantasie und Hemmungslosigkeit raubten. Wieder andere, weil sie in der neuen Liebesbeziehung endlich ihre sexuellen Fantasien ausleben können. Möglicherweise stand der Partner hierfür niemals zur Verfügung.

Gerade am Anfang besitzen Affären und Parallelbeziehungen schon aufgrund ihrer Heimlichkeit einen besonderen Zauber, welche die Leidenschaft außerordentlich anfeuert. »In jedem Neubeginn liegt ein großer Reiz«, schreibt Gerhard Hauptmann. Die Tatsache, dass man weder jede Nacht beieinanderliegen kann noch den Alltag mit schmutziger Wäsche und lästigen Besorgungen teilt, sondern im Gegenteil sich für die Verabredungen schön zurechtmacht und gut vorbereitet, hebt die Laune und steigert die Spannung. Der Reiz des Geheimnisses und die trügerische Atmosphäre der Außeralltäglichkeit lassen Gefühle ozeanischer Grenzenlosigkeit entstehen, welche die sehnsüchtige Zärtlichkeit der verbotenen Liebe so prickelnd macht. Sie ist wie ersehnter Regen auf ausgedörrtem Land. Man fühlt sich fast wieder so jung wie bei der ersten Jugendliebe, von der die Eltern nichts wissen durften.

Nur mit Mühe lässt sich in dieser Euphorie die kühne Hoffnung auf dauerhaftes Glück abwehren, die zudringlich über einen kommt. Da man in der verbotenen Nische rauschhafter Erlebnisse bloß die besten Seiten von sich preisgibt, entstehen leicht Illusionen über die Geliebte oder den Liebhaber. Es fehlt gewissermaßen die reale Welt, an der sich das Bild vom anderen in einer Art Alltagstest als wirklich beweisen könnte. Das ist nicht unbedingt von Nachteil, sondern im Gegenteil bedeutet es zunächst mehr Gewinn als Mangel, schafft es doch ein starkes Begehren und verhilft so beiden vorübergehend zu einem aufregenden Liebesabenteuer.

Womöglich ist man sogar nahe daran, etwas zu tun, was die Leute Verrücktheit nennen: Nur ein Wort von ihr oder ihm – und er oder sie würde vielleicht mit in die Welt gehen, alles zurücklassen: Lebenspartner, Kinder, Freunde, Haus. Für wen soll man denn vernünftig sein? Warum sich zurückhalten, wenn man sich gerne mitreißen lassen möchte? Unmöglich? Weshalb? Man hat doch nur das eine Leben.

Man umstellt sich mit schönen Illusionen, indem man den Genuss des Augenblicks nicht nur über die Moral, sondern auch vor die Vorsicht setzt. Kurzfristiger Lustgewinn wird längerfristiger Leidvermeidung vorgezogen. Man erliegt gewissermaßen den Glücksversprechen der Gegenwart, in der jedoch schon die unumgänglichen Abschiede der Zukunft vorbereitet werden. Nachdenkliche Gemüter ahnen bereits, dass sie mittelfristig in eine ausweglose Lage, eine Sackgasse, geraten und schmerzliche Frustrationen erleiden werden. Sie verfügen über ein feines Sensorium, das die Gefahren für das eigene Wohlbefinden blitzschnell zu dechiffrieren vermag. Wie mit einer Ahnung von vorbestimmtem Leid belastet, sind darum ihre zärtlichen Umarmungen bisweilen ganz schwermütig. Gerade auf dem Gipfel ihres Glücks überfällt sie ein wehmütiges Gefühl seiner Vergänglichkeit. Solche Liebesmelancholiker verwandeln den erfüllten Augenblick bereits in eine ferne Erinnerung, obwohl sie doch gerade erst das große Glück erleben. Doch führen diese vorgezogenen Abschiedsstimmungen keineswegs zur Beendigung des Liebesabenteuers. Im Grunde ist es völlig sinnlos, all dem in die Tiefe nachzugrübeln, ehe die Stunde da ist. Deshalb möchten sich viele zu diesem Zeitpunkt auch noch keine Rechenschaft über ihr scheinbar verirrtes Liebesleben ablegen. Sie wissen sowieso nicht, wie es weitergehen soll. Sie wissen nur, dass sie nicht voneinander lassen können, weil ihnen die Affäre stundenweise aufregende Ausflüge ins Paradies erlaubt, die aller Voraussicht nach in einer Hölle enden werden. Zu lieben bedeutet, möglicherweise sein Leben zu ruinieren.

Allerdings kommen irgendwann die inoffiziell Liebenden nicht mehr mit der Heimlichkeit zurecht. Sie haben sich zu viel zugemutet, einfach mehr zugetraut, als sie zu leisten in der Lage sind. So kommt der Tag, an dem das Warten auf Anrufe, SMS, verabredete Treffen und die klare Entscheidung füreinander unerträglich wird. Plötzlich hält man die Unklarheiten nicht mehr länger aus. Es wächst die Sehnsucht nach Normalität, nach einer festen und dauerhaften Beziehung. Der Reiz des Geheimnisses verfliegt. Man möchte Weihnachten, Silvester, Geburtstage und Urlaube nicht mehr ohne den anderen verbringen. Man möchte sich nicht mehr nach seinem Terminkalender richten oder seinen Geruch abduschen müssen, bevor man nach Hause fährt. Besonders schwierig wird es, wenn einer von beiden nur die Geliebte oder den Liebhaber als Partner hat, der andere dagegen noch eine Ehefrau oder einen Ehemann besitzt. Dann steigt die Unzufriedenheit bis zu dem Punkt, wo die Vorteile, die bislang aus der inoffiziellen Liebe gezogen wurden, nicht mehr die Nachteile überwiegen. Da ihre Beziehung sich nicht normal entwickeln kann, wird aus der beglückenden Verschmelzung bald eine unglückliche Liaison. Die Empfindung der Gegenwart ohne Ausblick auf eine gemeinsame Zukunft lähmt plötzlich die tiefsten Erregungen. Der Eindruck wächst, emotionales Spielzeug und benutzter Lückenbüßer zu sein, weil man keine Entwicklung erkennt. Wie Goethes *Werther* kommt man dann zu dem nüchternen Ergebnis: »Eins von dreien muss hinweg.« Dabei sitzt doch gerade die oder der Geliebte in der »gepolsterten Loge«, während der Ehepartner mit »Holzsitzen im Parkett« vorliebnehmen muss. Denn das offene, einfühlsame Ohr mit Dinner bei Kerzenschein bekommt eher die Geliebte als die langjährige Lebenspartnerin geboten, die in erster Linie mit Kindererziehung, Haushaltssorgen oder Gartenarbeit in Verbindung gebracht wird. Auch wenn die Geliebte und der Liebhaber es nicht wahrhaben möchten: Erst als verbotene Liebe tragen sie den Triumph der alleinigen Intimitätsstellung über die Ehefrau oder den Ehemann davon. Manchmal ist es besser, eine Geliebte oder ein Liebhaber als die Ehefrau oder ein Ehemann zu sein.

Dennoch trennen sich Menschen bis heute nicht so leicht von ihrem langjährigen Lebensgefährten für ihre große Liebe; die meisten bleiben sogar bei ihren Ehepartnern, an denen sie allem Verschleiß zum Trotz hängen. Denn die neue Liebe zerstört nicht notwendigerweise die alte Zuneigung zum langjährigen Lebenspartner. Auf diese Weise beginnt ein schreckliches Drehen im Kreise, ein Schwanken, in dem abwechselnd mal das Antlitz der Ehefrau, mal das Bild der Geliebten auftaucht. Oft verlangt man nach der Nähe gerade der Person, die momentan nicht da ist. Man fühlt sich mit beiden unlöslich verbunden. Alle Begegnungen fallen herzlich aus, weil man in der sicheren Erwartung lebt, beide Personen wiederzusehen. So verliebt man auch ist, man hält es für Irrsinn, sein behagliches Heim aufzugeben, die Familie zu verlassen und sich planlos davonzumachen. Vielleicht verbindet einen mit dem Ehepartner ja noch immer die umfriedete Ruhe familiärer Geborgenheit. Deshalb möchte man in bestimmten Momenten sogar Abbitte leisten, die Wange und Stirn des Partners mit Küssen der Reue bedecken. Gleichzeitig taucht jedoch mit dem Bild der Geliebten oder des Liebhabers das erwachte Leben wieder empor, das für einen Neuanfang steht. Auf diese Weise würgt man sich unaufhörlich in derselben Schlinge herum, ohne auch nur einen Schritt weiterzukommen. Im Gegenteil droht man an ihrer tausendfältigen Verknotung langsam zu ersticken.

Obwohl die langjährige Beziehung in sexueller und emotionaler Hinsicht unbefriedigend ist, können sich viele ein Leben ohne den offiziellen Partner nur schwer vorstellen. Darum versagen sich am Ende zahlreiche Liebenden, hin- und hergerissen zwischen beiden Personen, was sie sehnsüchtig wünschen. Das Liebesabenteuer erweist sich plötzlich als das Gegenteil einer Chance. Es stellt das Leben auf den Kopf. Mit einem Male kommt es zur Zäsur, bei der man ausgerechnet der ersehnten Liebe bewusst abschwört. Die Liebesbeziehung geht in die Brüche, obgleich sie wunderschöne Momente schenkt, die man gerne festhalten möchte.

Möglicherweise ist nichts auf der Welt es wert, sich von erfüllter Liebe abzuwenden. Trotzdem kämpfen die Menschen nicht immer um das, was ihnen am meisten bedeutet, weil es sie überfordert, sie zu schwach oder zu vernünftig sind. Nur scheinbar unbegreiflich ist die Trennung der Liebenden, die durch leidenschaftliche Neigung aufs Engste miteinander verbunden sind. Es gibt zahlreiche Gründe, weshalb heimlich Verliebte dem Schmerz die Tür öffnen und sich nach schweren Qualen zur Trennung von der Geliebten oder dem Liebhaber entschließen: gewohnter Lebensstil, Achtung vor und Zuneigung für den langjährigen Partner, Altersunterschied, Zugehörigkeit zu verschiedenen Sozialmilieus, gemeinsame Kinder mit dem Ehepartner, das Haus, finanzielle Verpflichtungen oder das eheliche Vermögen, an dem einvernehmlich geplante Scheidungen regelmäßig zerbrechen. Darüber hinaus steht die inoffizielle Liebe vielleicht der beruflichen Selbstverwirklichung und Karriere im Weg. Oder die Betroffenen sind misstrauisch gegenüber der Alltagstauglichkeit der Geliebten oder des Liebhabers. Dagegen dürften gesellschaftliche Konventionen, religiöse Überzeugungen oder moralische Regeln bei der Trennung der Liebenden hierzulande inzwischen nicht mehr eine so große Rolle spielen.

Natürlich trennen sich viele frisch Verliebte auch von ihren langjährigen Partnern. Allerdings lösen sie ihre Beziehung nicht allein deshalb auf, weil sie gerade in Glückseligkeit schweben und sich völlig ungestört der neuen Liebe hingeben möchten. Normalerweise ist ein solcher Schritt nicht nur die Laune einer Stunde. In der Regel wird eine Trennung nicht überstürzt, sondern überlegt getan. Vielleicht blieben beide ja immer schon einander fremd, sogar Fremde im eigenen Haus, ohne jede Heimat im Partner. Zur Loslösung kommt es aber für gewöhnlich erst dann, wenn der Anblick des Partners einem schon seit Längerem auf die Nerven geht, seine Gestik, Mimik, sein Lächeln, einfach alles an ihm einen entsetzlich reizt. Mit einem Male findet man auf seinem Gesicht die ganze Mittelmäßigkeit seiner Person ausgebreitet. Nie zuvor war sie einem so lächerlich, gewöhnlich und platt vorgekommen. Jahrelang lag ein Schleier darüber, obwohl die Entfremdung voneinander schon vor Längerem einsetzte. Die Geburt der Kinder sorgte noch einmal für neues Glück, das die bisherige Lebensroutine unterbrach. Doch hätte sich diese Bereicherung schon binnen kurzer Zeit in gespenstische Stille verwandelt, wenn sie nicht vom Alltagslärm überdeckt worden wäre. Man muss einfach dorthin passen, wo einen das Leben hinstellt! Nun aber ist es so weit, dass man es nicht einmal mehr ertragen kann, wie der Partner den Löffel in der Tasse hält. Von dieser Erschütterung kann man sich nicht mehr erholen. Es ist Zeit, zu gehen.

Doch vielen fehlt der Mut. Stattdessen verlassen sie lieber ihre neue Liebe. Natürlich fällt auch diese Trennung schwer, zumal wenn die Initiative dazu allein von einer Seite ausgeht und nicht von beiden gewollt wird. Dennoch akzeptieren für gewöhnlich beide die Aufhebung der Liebesbeziehung, die an einem System realer Hindernisse scheiterte. Trotzdem wird die Trennung als schweres Opfer empfunden. Obwohl die Zäsur bewusst gewählt wird, wird sie doch als Zwang wahrgenommen und durch bohrende Zweifel wieder und wieder infrage gestellt. Eine Unruhe, qualvoll wie nie zuvor, befällt beide in regelmäßigen Abständen. Immer wieder werden sie durch finstere Träume gejagt, über die ihnen keinerlei Macht gegeben ist. Wenn doch nur nicht diese intensiven Gefühle wären!

Zweifellos ist die endgültige Trennung von einem Menschen, den man liebt, wohl eines der schmerzlichsten Erlebnisse, die es auszuhalten gilt. Es ist schon schwierig, sich von einem Menschen zu lösen, mit dem einen nicht mehr die Liebe, sondern lediglich langjährige Vertrautheit verbindet. Ungleich schwerer dürfte die Trennung von einem Menschen fallen, den man noch liebt und den nicht der Tod von einem wegreißt. Eine solche Trennung bedeutet umso mehr eine Katastrophe, je stärker die Erfüllung war. Jedenfalls kann einen der Gedanke, dass es »aus« sei, im Stadium der akuten Verzweiflung an den Rand des Wahnsinns bringen. Nun steigen Erinnerungen an die Augenblicke blühenden Glücks auf. Schwere Träume voll flackernder Sehnsucht verfolgen einen in der Nacht, während man den Tag in dumpfer Müdigkeit zubringt.

Wie jede intensive Schmerzerfahrung führt auch ein frustrierender Trennungsvollzug zu einer merkwürdigen Bewusstseinsverengung: Es gibt jetzt nichts mehr außer der pochenden Trennungswunde, die oftmals Tränenkrämpfe oder eine seelische Versteinerung auslöst. In dieser hoffnungslosen Lage kommt von nirgendwoher mehr Trost, nicht einmal aus dem eigenen Schmerz. Was geschehen ist, wirkt wie blanker Hohn von dorther, wohin man keine Fragen senden kann. Überdeutlich bekommt man zu spüren, dass man niemandem gehört, auch wenn man vielleicht zu jemandem gehören möchte. Am schlimmsten wird die Trennung, wenn sie nicht auf gegenseitigem Einvernehmen beruht, sondern auf dem einseitigen Verlassen des einen durch den anderen.

Die Trennung ist umso schmerzlicher, je mehr die Liebenden das Gefühl haben, aus der Welt des Glücks vertrieben worden zu sein, in der sie zuvor etwas Großartiges finden durften, das sie jetzt wieder hergeben müssen. Man war miteinander glücklich wie im Leben niemals zuvor, und man wird den Verdacht nicht los, nie mehr solche Erfüllung und gegenseitige Zärtlichkeit wie mit der oder dem Verlorenen finden zu können, trotz schöner Erlebnisse auch zukünftig. Nahezu unvermittelt steigt die schnürende Frage den Verliebten in die Kehle: Wäre nicht am Ende hier doch das Glück gewesen? War sie oder er es nicht, die oder den man seit jeher gesucht hat? Nämlich beides zugleich, Gefährtin und Geliebte, Gefährte und Geliebter! Nicht allzu oft bekommt man im Leben die Möglichkeit zur Erfüllung jener Glücksträume geschenkt, die aus privilegierten Stunden intensiver Leidenschaft bestehen. Mit Goethes *Werther* drängt sich daher die Frage auf: »Muss denn das so sein, dass das, was des Menschen Glückseligkeit macht, wieder die Quelle seines Elends wird?«

Glücklicherweise gibt es aber eine Reihe von Abwehrreflexen, die sogar noch mit einer solchen Trennung fertig werden. Manche wählen den Freitod. Doch ist Suizid das Gegenteil einer erfolgreichen Verlustbearbeitung. Von Lebensgeschichte, Charakter, Freundeskreis und anderen Randbedingungen abhängig, ruft eine Trennung üblicherweise mal geduldige Ergebung, mal rebellische Auflehnung hervor. Doch genauer betrachtet lassen sich ganz verschiedene Strategien unterscheiden, mit deren Hilfe man die Aufhebung der Liebesbeziehung verarbeiten kann.

Die einen werden mit der traumatischen Versagung dadurch fertig, dass sie sich aggressiv gegen die geliebte Person verhalten. Sie müssen diese abwerten, um sich aus ihren Fesseln befreien zu können, die sie noch gefangen halten. Nach dem Ende verwandelt sich so emotionaler Enthusiasmus in gehässige Abneigung. Da jedoch die große Liebe das Glück des Lebens war, ist eine ambivalente Einstellung der oder dem einst Geliebten gegenüber wahrscheinlicher: Es kommt zu einem Schwanken zwischen Anfeindung und Anhimmelung; Zerstörungswünsche vermischen sich mit einer Idealisierung des Verlorenen.

Andere schotten sich gegen die bedrohliche Sehnsucht durch eine gespielte oder gelebte Gleichgültigkeit ab. Sie schalten ihr Innenleben gleichsam auf Durchzug, was eine ausgeprägte Fähigkeit zu Ignoranz voraussetzt. Hierbei mündet lähmende Erschöpfung in gleichgültige Stumpfheit, die einen auf Abstand zum Trennungserlebnis bringt. Alles ist einem jetzt egal. Man weicht der Sehnsucht und dem Schmerz gleichsam durch Totstellreflexe aus.

Wieder andere treten eine Flucht nach vorne an. Sie entwickeln einen übertriebenen Aktionismus und versuchen ihre Verzweiflung durch kurzweilige Vergnügungen abzuwehren. Zur Betäubung und Ablenkung entwickeln sie einen ungeheuren Tätigkeitsdrang, eine Geschäftigkeit, mit der sie glauben, ihre innere Leere überwinden zu können. Manche fliehen in oberflächliche One-Night-Stands oder auf schrille Partys. Diese bieten zwar nur einen schlechten Ersatz für das Verlorene. Sie ermöglichen aber eine Abfuhr angestauter Liebesenergien. Andere stürzen sich dagegen in Arbeit, wo sie bisweilen erstaunliche Leistungssteigerungen erzielen.

Einen weiteren Weg bietet die Rationalisierung des tragischen Geschehens, wozu das Talent gehört, sich hässliche Dinge schönreden zu können. Man leugnet einfach die existenzielle Tiefe der zerbrochenen Beziehung. Das beendete Liebesabenteuer wird als unwesentlich abgetan, bagatellisiert oder verkleinert, um sich so besser schadlos halten zu können. Scheinbar souverän stellt man fest: »Außer Sex hatte man sowieso nichts gemeinsam«, worauf sich jedoch erwidern ließe: »Immerhin hatte man guten Sex!« Denn mit der völligen Rückkehr zum offiziellen Lebenspartner flammen ja nicht automatisch alte Gefühle und erotische Gelüste wieder auf. Manchmal ist das Gegenteil der Fall: Bei intimen Berührungen kann leicht Ekel entstehen, weil der Körper nicht bereit ist, die Entscheidung der Trennung von der geliebten Person zu akzeptieren. Wie Doris Lessing in *The Golden Notebook* vermerkt: »Das Schreckliche ist, so zu tun, als sei das Zweitklassige das Erstklassige, zu tun, als brauche man keine Liebe, wenn man sie braucht.«

Andere bejahen ihren Trennungsschmerz heroisch als existenzielle Bereicherung.

Nachdenkliche Gemüter wiederum suchen im Augenblick der Verlusttrauer verstärkt Zuflucht in Philosophien und Religionen, die Tröstungen auch hierfür bereithalten. Sie überführen ihren Verlustschmerz in ein demütiges Leiden und beantworten die zuvor erlebte Entgrenzung mit einer neuen Grenzziehung. Zu solchen weltanschaulichen Überhöhungen und Beschönigungen zählen schicksalsergebene Besänftigungen wie: »Es ist gekommen, wie es hat kommen müssen!« oder »Nach Lage der Dinge muss es wohl so sein!« oder »Was uns beiden bestimmt war, haben wir durchlebt!«.

Darüber hinaus empfindet man als tröstlich, dass die verlorene Liebe, die auch vom Reiz des Geheimnisses lebte, schon bald verdorrt wäre, wenn sie zur offiziellen Partnerschaft aufgestiegen und somit öffentlich geworden wäre. Das Leben selbst untergräbt doch immer wieder die Illusion, dass wir über einen längeren Zeitraum ein Gefühl der Verliebtheit für eine Person empfinden können. Obwohl man dies zuvor nicht wahrhaben mochte. Jetzt will man daran glauben.

Bestenfalls verbleibt den getrennten Liebenden die vergebliche Hoffnung, dass es vielleicht hätte klappen können, wenn sie sich unter anderen Umständen kennengelernt hätten. Dazu kommt als schöne Geste, füreinander unvergesslich bleiben zu wollen und sich freundlich alles Gute zu wünschen. Jedoch dürfte auch dies wieder wehtun, weil alles Wohlergehen des Liebespartners künftig unabhängig von einem selbst stattfinden und aus einer anderen Lustquelle als aus einem selbst kommen wird. So mischt sich in den redlichen Wunsch um sein Wohlbefinden schließlich doch ein wenig schmerzhafte Eifersucht. Ein anderer wird ihn künftig besitzen. Eine andere Person ihn berühren. Andere Lippen ihn küssen.

Bei echter Liebe fällt die Ablösung so schwer, weil das Auseinanderleben und Dahinsterben der Leidenschaft nicht wie sonst vor dem Ende der Beziehung, sondern erst nach deren Ende beginnt. Der Klagegesang ist hier also nicht das Requiem auf eine sich auflösende Partnerschaft, in der das romantische Begehren schon länger ausgetrocknet ist. Im Gegenteil wird der Abschied gewissermaßen auf der Höhe des Begehrens vollzogen. Deshalb sieht, fühlt, liebkost und hört man noch die lebendige Wärme und Gegenwart der verlorenen Person. Man versinkt in Träumereien über das, was nicht wiederkehrt. Im Grunde genommen hat eine solche Trennung den faden Geschmack des Todes mitten im Leben, das die Sehnsucht nach dem Verstorbenen weiterhin am Brennen hält. Man vermisst einander, weil es nicht gelingt, den anderen aus dem Bewusstsein zu verbannen, damit sich die Wunde endlich schließen kann. Es dauert, bis der andere in einem stirbt und die Zeit ihr heilendes Werk an der Trennungswunde verrichtet hat. Vergessen wird man sie oder ihn wohl nie, doch wird der Schmerz irgendwann weniger.

Womöglich erleidet man auch schwere Rückschläge. Plötzlich steigen alte Empfindungen wieder aus dem Inneren auf; für Momente überströmen Wogen der verlorenen Liebe den ganzen Körper. Erinnerungsstücke, Bilder, Gegenstände aller Art können solche Gefühle auslösen. Sie bewahren die vergangene Liebe auf. Sie stehen für ein Glück, dessen Tore nun verschlossen sind. Jetzt treiben sie einem die Tränen in die Augen. Alles taucht erneut vor einem auf. Mit mächtigem Flügelschlag erhebt sich eine schmerzhafte Sehnsucht nach dem Verlorenen, bevor die qualvolle Erregung endlich wieder von einem abfällt.

Allerdings hört auch dieser Schmerz mit der Zeit auf, weil das Gefühl der Entbehrung schwindet. Glaubt man am Anfang, alles verloren zu haben, erkennt man nach einiger Zeit, dass man lediglich etwas verloren hat. Mit dem Bild der geliebten Person verblasst der Wunsch, mit ihr weiter zusammen zu sein. Vielleicht kann man sich irgendwann kaum noch vorstellen, wie die damalige Liaison möglich war, so weit hat man sich voneinander entfernt. Zu diesem Zeitpunkt findet man sich wieder besser in der Welt zurecht, die einem für einige Monate ihre glücksfeindlichen Krallen zeigte. Am Ende hat man seine Fähigkeit, zu leben, wiedererlangt. »Wohl dem, der aus allem, was das Leben uns bringen kann, heil herauskommt«, schreibt Theodor Fontane.

Doch so aussichtslos solche Liebesgeschichten von Anbeginn sind und wie schmerzlich sie für gewöhnlich enden, die seltenen Gelegenheiten hierzu sollte man trotzdem am Schopfe packen. Denn die Intensität solcher Abenteuer bereichert den Garten der Lüste auf einzigartige Weise. Möglicherweise wird eine verbotene Parallelbeziehung einmal das Aufregendste und Erregendste von allem gewesen sein, das man jemals erleben durfte.

TREUE IST EIN MANGEL AN GELEGENHEIT

Der Mensch ist nicht ein so treuebegabtes Lebewesen, wie er es von sich manchmal behauptet. Allzu schnell kleidet er sein überfließendes Begehren in unhaltbare Versprechen. Nach repräsentativen Umfragen misst die überwiegende Mehrheit zwar Treue einen hohen Stellenwert zu. Nur sind Befragungen nicht unbedingt geeignet, um geheime Sehnsüchte und Wünsche zu ermitteln, zumal, wenn sie vorherrschenden Konventionen widersprechen. Außerdem täuschen wir uns vielleicht hier auch über uns selbst: Wie wir uns stets für mutig und furchtlos halten, bis wir uns einem gewaltbereiten, breitschultrigen Schläger gegenübersehen, so halten wir uns womöglich nur so lange für treue Seelen, bis uns von einer interessanten Person reizvolle Avancen gemacht werden. Wie viele Beziehungen, die schon länger bestehen, bleiben sich noch treu, wenn sie eine reizvolle Gelegenheit zur Untreue bekommen? In dieser Situation ist die Gelegenheit zum Fremdgehen häufig schon der Grund, es auch zu tun! Für uns Menschen scheint ein Bedürfnis nach wechselnden Sexualkontakten charakteristisch zu sein, was aus biologischer Sicht überhaupt nichts Ungewöhnliches darstellt.

Zwar gehen rund neunzig Prozent aller Vögel eine monogame Paarbindung ein, aber nur für eine Brutsaison und somit lediglich auf Zeit. Bloß drei Prozent aller Säugetiere leben monogam. Hierzu zählen die Präriewühlmäuse, welche die sogenannten »Treuehormone« Oxytocin und Vasopressin in verhältnismäßig hoher Konzentration im Blut haben. Bei den Menschenaffen sind es die Gibbons, die monogam leben. Unsere nächsten Verwandten hingegen – Orang-Utans und Gorillas – sind polygyn, was heißt, dass bei ihnen ein Männchen mehrere Weibchen, gleichsam einen Harem besitzt. Schimpansen und Bonobos wiederum führen ein ausgesprochen promiskes Leben. Während der fruchtbaren Zeit paaren sich die Weibchen mehrere Dutzend Male am Tag mit häufig mehr als zehn verschiedenen Männchen. Dementsprechend fallen auch die Geschlechtsteile bei den verschiedenen Affenarten unterschiedlich aus: Die Hoden der promisken Schimpansen und Bonobos sind um ein Vielfaches schwerer als die der Gorillas und Orang-Utans, die dafür ein vergleichsweise hohes Körpergewicht haben. Dieses wiederum befähigt sie, die Reviere ihrer Weibchen wirksam gegen Nebenbuhler zu verteidigen. So benötigen sie gar keine großen Hoden, weil sie bei der Befruchtung nicht mit fremdem Sperma konkurrieren müssen wie Schimpansen und Bonobos. Jedoch brauchen diese nicht nur deshalb mehr Sperma, weil sie sich mit diversen Weibchen mehrere Male paaren, sondern auch zur erfolgreichen Ausschwemmung des Ejakulats ihrer Rivalen aus den begatteten weiblichen Körpern. Es herrscht gleichsam eine hohe Sperma-Konkurrenz in den Genitaltrakten promisk lebender Affenweibchen. Denn jedes Männchen möchte sich erfolgreich fortpflanzen.

Hierzu passt, dass in der Paarungszeit bei Schimpansen und Pavianen die Regionen um Vagina, Damm und After rot anschwellen. Solche Genitalschwellungen, auch Östrusschwellungen genannt, signalisieren gut sichtbar Fruchtbarkeit, die den Wettbewerb unter den möglichen Paarungspartnern erst so richtig anfeuert. Hierdurch erhöht sich wiederum für die Weibchen die Wahrscheinlichkeit, an ein genetisch fittes Männchen zu geraten. Weiblichen Gibbons, Orang-Utans und Gorillas fehlen diese physischen Signale, weil sie ohnehin nur mit einem

Männchen kopulieren. Wohl auch aus diesem Grund können sie sich mehr Zeit beim Sex lassen. Die Koitusdauer der monogamen Gibbons oder polygynen Gorillas und Orang-Utans ist mit einer Minute bis zu mehreren Minuten verhältnismäßig lang. Bei Schimpansen und Bonobos beträgt sie nur wenige Sekunden. Dies hängt mit der dichten Umlagerung der paarungswilligen Weibchen von ungeduldigen Männchen zusammen, die miteinander konkurrieren. Da darf die Ekstase, in der man leichter angreifbar ist, nicht zu lange dauern.

Vor diesem Hintergrund kann es nicht weiter verwundern, dass wir Menschen gelegentlich aus unseren Beziehungen ausbrechen, unsere Partner betrügen und das häufig nicht bloß einmal. Allerdings geschehen solche Ausbrüche aus den etablierten Lebensformen auch, um sich der eigenen Körperlichkeit und Attraktivität zu vergewissern oder dem matten Alltag erotischen Glanz zu verleihen. Man möchte der eigenen Existenz wieder auf intensive Weise innewerden und das Gefühl bekommen, Anteil am Leben zu haben. Dabei muss man sich nicht gleich verlieben, sondern lediglich sich gegenseitig gefallen, und natürlich muss sich eine günstige Gelegenheit bieten. Warum sollte man sie nicht nutzen? Man begnügt sich auch sonst nur selten mit Aufgewärmtem, wenn man Frisches bekommen kann. Einer Versuchung entledigt man sich am besten dadurch, dass man ihr nachgibt. Überspitzt schreibt Oscar Wilde: »Treue ist für das Gefühlsleben, was Stillstand für das geistige Leben ist – nichts weiter als ein Bekenntnis des Versagens.«

Tatsächlich haben wir von unseren Vorfahren eine starke Sexualität geerbt, die sich nur teilweise ethischen, rechtlichen und religiösen Regeln unterordnet. Zwar sprechen wir heute im Zusammenhang mit Seitensprüngen nicht mehr von sündiger Unzucht, dafür aber von verräterischem Betrug. Bei näherem Hinsehen wird deutlich, dass ein solcher Sprachgebrauch nur einem Wechsel der Worte, nicht jedoch der Fronten gleicht. Trotz aller Empörung setzt sich das Verlangen nach Genuss aber immer wieder gegen die Moral durch. Obwohl unser natürliches Erbe kulturell überformt wurde, wirken uralte Fortpflanzungsstrategien weiter. Biologische Imperative regieren gleichsam unaufhörlich in die Kultur hinein, deren Kampf gegen unser naturgeschichtliches Erbe einem wahren Drama gleicht. Wie häufig patrouillieren Sitte und Moral vergebens an den Ufern monogamer Beziehungen, um heimliche Ausbrüche zu verhindern.

Nur knapp ein Fünftel aller Kulturen ist vom Recht her monogam, wie der Anthropologe George Peter Murdock in detaillierten Untersuchungen nachgewiesen hat. Darüber hinaus spricht das Fehlen von Genitalschwellungen bei den Frauen, relativ lange Koitusdauer und verhältnismäßig geringes Hodengewicht der Männer aus sexualbiologischer Sicht tendenziell für Polygynie: »Vielweiberei«. Sie scheint eine für den Menschen natürliche Lebensweise zu sein. In jedem Falle sprechen fast alle biologischen Erkenntnisse gegen das lebenslang monogame Fortpflanzungssystem, selbst wenn die Einehe die verbindliche Lebensform unserer Kultur geworden ist. Wir Menschen sind offenbar nicht dazu bestimmt, nur einer oder einem zu gehören. Der Natur jedenfalls scheint die Monogamie nicht zu entsprechen, was jedoch keineswegs besagt, dass sie unsinnig ist. Denn aus der Natur lassen sich weder ethische noch rechtliche Regeln ableiten. In der Natur kommen auch Vergewaltigungen und Tötungen vor, ohne dass wir sie deswegen gutheißen. Eine Vielzahl unserer Gebote zielt ganz bewusst auf die Einschränkung bestimmter Naturkräfte um einer humaneren Gesellschaft willen. Dennoch setzt jedes Gebot auch die Fähigkeit zu dessen Befolgung voraus. Es ist zweifelhaft, ob die Menschen, denen die jahreszeitlichen Rhythmen sexueller Antriebe – Brunstzeiten – fehlen, dauerhaft monogam leben können. Jedenfalls ist die Institution der Monogamie teilweise so erfolglos wie der Versuch, Wörter ins Wasser zu schreiben.

Die Neigung zum Partnerwechsel ist unverkennbar, was biologisch mit dem Streben des Männchens erklärt wird, seine Reproduktionsrate durch zahlreiche Kopulationen mit möglichst vielen Weibchen zu steigern. Allein aufgrund der wenigen Fruchtbarkeitstage um den Eisprung herum, der Schwangerschaft, des Stillens und der Kinderaufzucht ist das Reproduktionspotenzial der Frau im Gegensatz zum Mann begrenzt. Dennoch ist auch sie auf möglichst großen Erfolg ausgerichtet. Gerade deshalb sollen Frauen weniger als Männer zu Partnerwechsel neigen. Stattdessen seien sie viel kritischer als die Männer bei der Partnerwahl, um möglichst fitte Nachkommen gebären und versorgen zu können. Dies sei der weibliche Weg zum Erfolg bei der Reproduktion.

Der männliche Weg indes bestehe aus der Paarung mit vielen Frauen, um trotz hoher Konkurrenz unter den Rivalen eine hohe Fortpflanzungsquote zu erzielen. Damit hänge auch der vorzeitige Samenerguss des Mannes zusammen. Denn würde die Frau früher als der Mann den Höhepunkt erreichen, so würde sie vermutlich den Geschlechtsverkehr vor seiner Ejakulation und damit vor einer möglichen Empfängnis abbrechen. Deshalb komme der weibliche Orgasmus oftmals verzögert oder gar nicht.

Die Evolution hat das Leben vor allem auf Reproduktion

angelegt. Deren Strategien existieren selbst dort weiter, wo die Sexualität von der Fortpflanzung abgekoppelt und nur zu reinem Lustgewinn, nicht jedoch zur Genvervielfältigung praktiziert wird. Allerdings ist durchaus umstritten, ob Frauen schon von Natur aus einen späteren Orgasmus als Männer haben. Außerdem sei es dahingestellt, ob Frauen tatsächlich in der Vergangenheit weniger Lust auf Partnerwechsel oder nur weniger Gelegenheit hierzu hatten, oder ob sie »es« einfach heimlicher taten. Immerhin benötigen Männer für ihre Seitensprünge und Affären eine hohe Anzahl sexbereiter Frauen. So sehr Männer zum Fremdgehen neigen, so wenig dulden sie aber die sexuelle Untreue ihrer Partnerinnen, nicht zuletzt um der Vaterschaft ihrer Kinder gewiss sein zu können. Vaterschaftstests gibt es ja erst seit wenigen Jahren. Nach dem Stand der gegenwärtigen Forschung liegt hier ein Ursprung der menschlichen Eifersucht: Männer fürchten, ihre Partnerin könne das Erbgut von Rivalen aufnehmen, sodass ihre fürsorglichen Investitionen fremdem Nachwuchs zugutekämen, während Frauen sich mehr davor ängstigen, dass ihr untreuer Partner sie und die Kinder vernachlässigen könnte.

Obwohl unsere Konventionen und Gesetze in der Vergangenheit oftmals unserer destruktiven Natur entgegenwirkten, haben es diese Regeln nicht vermocht, auch die zerstörerische Eifersucht kulturell zu entschärfen. Wie viele unnütze Schmerzen werden ihretwegen erlitten, wie viele unsinnige Ängste ertragen, wie viele müßige Wortgefechte beruhen auf ihr! Immer wieder führt sie zu heftigen Streitereien, überstürzten Scheidungen und blutigen Tragödien. Bedauerlicherweise unterstützen Sitte und Gesetzgebung bis heute diese fragwürdige biologische Neigung.

Speziell die Eifersucht des Mannes auf mögliche Rivalen brachte in der Kulturgeschichte teilweise ganz bizarre Phänomene hervor. Hierzu gehören der Zwang zum Tragen eines Keuschheitsgürtels ebenso wie das berühmte Serail unter Eunuchenbewachung, in das Ehefrauen eingesperrt wurden. Vermutlich liegen in der männlichen Eifersucht auch die evolutionären Ursprünge der jüdisch-orthodoxen und muslimischen Regel, denen zufolge Frauen lange Kleider und Schleier, im Extremfall sogar den »Niqab« oder die »Burka« tragen sollen. Hierdurch werden sie für alle Männer außerhalb ihres Hauses nahezu unsichtbar. Selbst die Wertschätzung der Jungfräulichkeit und deren Nachweis durch Blutflecken auf dem Laken in der Hochzeitsnacht gehören in diesen Zusammenhang, weil Frauen mit vorehelichen Sexualkontakten angeblich leichter zu außerehelichem Geschlechtsverkehr neigen.

So beanspruchte der Mann immer wieder für sich Rechte, die er der Frau verweigerte. Noch vor wenigen Jahrzehnten galt auch hierzulande der Ehemann als uneingeschränkter Herrscher. In den »Handbüchern für die gute Ehefrau« der 50er-Jahre heißt es: »Halten Sie das Abendessen bereit. Planen Sie vorausschauend, damit die köstliche Mahlzeit rechtzeitig fertig ist, wenn er nach Hause kommt. Machen Sie sich schick. Räumen Sie auf. Begrüßen Sie ihn mit einem warmen Lächeln und zeigen Sie ihm, wie aufrichtig Sie sich wünschen, ihm eine Freude zu machen. Hören Sie ihm zu. Lassen Sie ihn zuerst erzählen – und vergessen Sie nicht, dass seine Gesprächsthemen wichtiger sind als Ihre. Machen Sie es ihm bequem. Lassen Sie ihn in einem gemütlichen Sessel zurücklehnen oder im Schlafzimmer hinlegen. Schieben Sie ihm sein Kissen zurecht und bieten Sie ihm an, seine Schuhe auszuziehen. Sprechen Sie mit leiser, sanfter und freundlicher Stimme.« Schlug damals ein Mann seine Frau, so wurde nicht selten sie zum Psychologen geschickt, damit sie lerne, ihr Verhalten so zu ändern, dass es künftig hierzu nicht mehr kommen werde. Bis 1976 konnte ein Ehemann seiner berufstätigen Frau ohne deren Zustimmung und Wissen die Stelle kündigen.

Zu alledem passt die fragwürdige Doppelmoral einer polygynen Sexualethik mit verstärkter Überwachung und Abschirmung der Frau vor anderen Männern. Die polygyne Sexualethik ist nach heutiger Erkenntnis zwar auch eine soziale Konstruktion. In letzter Beziehung soll sie aber auf biologischen Imperativen gründen. Zum Ärger vieler Frauen untermauert die moderne Biologie hierdurch die traditionelle Rollenverteilung und Ungleichheit zwischen den Geschlechtern. Beides soll sich aus natürlichen Fortpflanzungsmechanismen ergeben haben. Diese hätten mit dazu beigetragen, dass jahrtausendelang Frauen, die fremdgingen, als Huren, Schlampen und Nymphomaninnen beschimpft und strafrechtlich verfolgt wurden. Dagegen ließ sich der untreue Mann augenzwinkernd als draufgängerischer Frauenheld und leichtsinniger Casanova feiern. Auffälligerweise gestatten fast alle bisherigen Kulturen den Männern größere sexuelle Freiheiten als den Frauen.

Immanuel Kant spricht von »Geschlechtsehre« der Frau, die in vorehelicher Jungfräulichkeit und ehelicher Treue bestehe. Um ihre Geschlechtsehre zu retten, sahen sich einstmals viele Frauen mit unehelichem Kind gezwungen, dieses oder sich selbst zu töten. Denn wer vorehelichen Geschlechtsverkehr praktizierte, opferte damit seine Ehre; solche Frauen »sprachen sich der Ehre los«, wie es im ersten Teil von Goethes *Faust* heißt. Sie mussten damit rechnen, an den Pranger gestellt, ausgepeitscht oder aus der Stadt gejagt zu werden. Dieser »ganze Krimskram«, wie Theodor Fontane solche verbohrten Konventionen nennt, ist hierzulande inzwischen außer Kraft gesetzt.

Heutzutage bezahlt die westliche Frau ihren Ausbruch aus der gesellschaftlichen Ordnung nicht mehr mit dem Leben wie ihre literarischen Vorgängerinnen Anna Karenina, Effi Briest und Madame Bovary. Wie viele Frauenfiguren in Arthur Schnitzlers Erzählungen machen diese Heldinnen Tolstois, Fontanes und Flauberts deutlich, dass schon früher nicht bloß Männer regelmäßig mehr oder weniger heimliche Affären außerhalb ihrer offiziellen Partnerschaft hatten. Das Gleiche gilt erst recht für Frauen im Zeitalter der Emanzipation, in dem sie immer öfter als berufliche Konkurrenten der Männer auftreten. Ihre wirtschaftliche Unabhängigkeit durch eigenes Einkommen, aber auch wirksame Verhütungsmittel und die stärkere Einbindung der Männer in die Kindererziehung und den Haushalt tragen wesentlich zur sexuellen Gleichstellung bei. Gerade in der Mittelschicht wurden mittlerweile die emotionalen Grenzzäune zwischen den Geschlechtern weitgehend abgebaut: Frauen wurden selbstbewusster, eigenständiger und intellektueller, Männer hingegen nachdenklicher, gesprächiger und gefühlvoller. Trotzdem übt der »coole Typ«, der »Macho«, der sich stark, selbstsicher und stumm, das heißt gefühl- und furchtlos gibt, weiterhin eine ungeheure Anziehungskraft auf viele Frauen aus.

Heute geht man davon aus, dass der Anteil der »Kuckuckskinder«, die mit ihren sozialen Vätern nicht verwandt sind, bei rund 10 Prozent liegt. Das Vertrauen in die Lebbarkeit dauerhafter Treue ist mittlerweile stark erschüttert. Frisch Verliebten fällt es freilich leicht, einander die Treue zu halten. Doch sobald die starken Gefühle schwinden, bedarf es schon gewaltiger asketischer Anstrengungen, um sich dem Ideal ewiger Treue zu unterwerfen. Strikte Monogamie ist eben nicht natürlich, sondern eine kulturelle Norm gegen die Natur. Diese wird noch am ehesten dort befolgt, wo Männer und Frauen – aus welchen Gründen auch immer – ihre promisken Tendenzen nicht ausleben oder durchsetzen können. Wie der römische Dichter Ovid es formuliert: »Eine tugendhafte Frau ist eine Frau, die keine Liebesanträge bekommen hat«, und das heißt: Treue ist weniger ein freiwilliger Verzicht auf Betrug als vielmehr ein Mangel an Gelegenheit und Fantasie.

Lust braucht Luxus

GEFÜHLE, GESCHENKE UND GESCHÄFTE

Die Wahrheit allen sinnlichen Verlangens ist das erotische Abenteuer. Erst im »Aufruhr des Fleisches« können sich die alten Laster der Wollust und Völlerei frei entfalten. Jahrhundertelang wurden sie als Todsünden verurteilt. Eine übertriebene Sorge um den Körper sei für sie charakteristisch. So unzeitgemäß diese Einschätzung mittlerweile ist, so richtig bleibt die Erkenntnis, dass Wollust und Völlerei aufs Engste zusammengehören: »Nimmer wird einer den Stachel der brennenden Lust niederzuhalten vermögen, der die Gelüste des Gaumens nicht zu zügeln vermag«, schreibt Cassian im 5. Jahrhundert. Dieser alte Mönch erkannte bereits die innere Verwandtschaft von Lust und Luxus, die wir heute gerne vergessen. Denn viele halten jede Vermengung romantischer Gefühle und erotischer Abenteuer mit der modernen Konsumindustrie für unzulässig.

Man glaubt, heiße Nächte stünden dem kühlen Alltagsleben diametral entgegen, zu dem sie ganz bewusst auf Distanz gingen. Romantisch geliebt wird bevorzugt am Abend, in der Nacht oder auf Reisen – fernab der Arbeitswelt. Aus dieser Erfahrung abgeschiedener Intimität entstand vorschnell die Meinung, romantische Liebe widersetze sich von vornherein jeder ökonomischen Verwertung. Viele vertreten sogar die Ansicht, sie überschreite jede Wirtschaftsordnung. Deshalb gilt seit der Romantik die Liebe als Zufluchtsort des wahren Lebens, das sich durch Wärme, Selbstlosigkeit und Gefühl auszeichne. Ein solches Leben stünde in Gegensatz zum gewinnorientierten Warentausch und der herzlosen Industriegesellschaft. Jedoch ist diese Auffassung unhaltbar.

Bekanntlich ist Sex eine rentable Geldquelle, die Sexindustrie ein wichtiger Wirtschaftszweig. Seit es das Internet gibt, werden Milliardenumsätze hiermit erzielt: »Sex sells«. Inzwischen hat der Markt aber nicht nur alle sexuellen Schlüsselreize kommerzialisiert. Er hat sich auch das Liebesleben fast gänzlich unterworfen. Heute lassen sich romantische Gefühle kaum noch von Konsumerfahrungen trennen, so eng sind Sex und Liebe mit der Warenwelt, Freizeit- und Modeindustrie verwoben. Das heiße Liebesleben ist unter den Einfluss kaltherziger Betriebswirte geraten. Wie viele Konsumartikel repräsentieren nicht nur schöne Gefühle, sondern geben einer Beziehung überhaupt erst eine sie prägende Form! Das Band zwischen den Liebenden wird gleichsam von den Angeboten der Wirtschaft gespannt, die unsere Leidenschaften und Gefühle ebenso stimulieren wie organisieren. Denn Intimbeziehungen werden bekanntlich nicht bloß in privaten Wohn- und Schlafzimmern geführt, sondern auch in Restaurants, Kinos, Clubs, Opernhäusern, Bars, Autos und Hotels. Außerdem gehören zur intimen Zweisamkeit auch organisierte Reisen in Großstädte, an exotische Orte, verlassene Strände, luxuriöse Swimmingpools und auf einsame Berge. Dabei verschmelzen Sex und Liebe nicht bloß mit den genannten Konsumplätzen, sondern auch mit einer großen Zahl von Konsumgütern: Menüs, Getränken, Flug- und Eintrittskarten, Kleidermoden, Cremes, Shampoos und anderen Utensilien. Wie die erwähnten Freizeitstätten signalisieren zahllose Waren – nicht zuletzt durch die Werbung – romantische Liebesgefühle. Das gemeinsame Abendessen in einem gehobenen Restaurant bei Kerzenschein oder das gemeinsame Baden an einem einsamen Strand bei Sonnenuntergang sind Klischeeklassiker. Teure Schmuckstücke und andere aufwendige Geschenke zeigen ewige Liebe an. Der glamouröse Lebensstil mit lauter Musik, Alkohol und Zigaretten steht dagegen für ausgelassenes Feiern und erlebnisreiche Abenteuer. Hier wie dort wird für Augenblicke die Vision eines vergnüglichen Daseins ohne Langeweile fühlbare Realität.

Solche Verflechtungen des Gefühlslebens mit der Warenwelt sind heute nahezu selbstverständlich. Juweliere verwandeln Liebesgefühle in Halsketten, Touristikunternehmen in sonnige Strände mit fünfsternigen Hotels. Bestimmte Waren und Aktivitäten werden mit vollkommenen Glücksmomenten assoziiert. Sie rufen Vorstellungen von Liebe, Sex und Schönheit hervor. Mit ihrer Unterstützung werden neue Banden geknüpft oder bereits existierende Beziehungen gefestigt, weil sie eine angenehme Stimmung erzeugen und im Idealfall eine Atmosphäre romantischer Zweisamkeit schaffen.

Allerdings können sie auch eine Innigkeit vortäuschen, die möglicherweise gar nicht mehr besteht, weil sich das sexuelle Verlangen oder das starke Liebesgefühl inzwischen leise aus der Beziehung verabschiedet hat. In diesem Falle wären gemeinsame Rotweinabende, Fernreisen und Opernbesuche bloße Ersatzbefriedigungen, die als gelebte Liebe getarnt werden.

Obgleich sich heutzutage nicht mehr nur reiche Leute solche Konsumspektakel in ihrer Freizeit leisten können, bleiben weniger Betuchte doch hiervon in der Regel ausgeschlossen. Diese verfügen weder über das nötige Geld, um schöne Dinge kaufen und aufwendige Reisen unternehmen zu können, noch über die notwendige Bildung, um romantische Augenblicke in Gespräche über »Gott und die Welt« verwandeln zu können.

Seit Mitte des letzten Jahrhunderts wird die Verquickung von Liebe und Sex mit dem vielfältigen Marktangebot von fast allen politischen Gruppierungen kritisiert. Sowohl Herbert Marcuse als auch Helmut Schelsky, um nur zwei herausragende Namen mit ansonsten gegensätzlicher Einstellung zu nennen, beurteilen die Auswirkungen der Warenwelt aufs menschliche Begehren als verhängnisvoll. Das Bedürfnis nach schnellem Wechsel und die ruhelose Jagd nach flüchtigen Intensitäten in kurzfristigen Liebesaffären entwerte die erotische Sinnlichkeit nicht nur zu einem flachen Unterhaltungsgut. Sie spiegle auch die von der heutigen Industriegesellschaft künstlich stimulierte Konsumhaltung wider, deren Motor das unablässige Verlangen der Menschen nach immer Neuem darstelle. Dabei manipuliere die moderne Konsumwelt die Bedürfnisse der Menschen nicht bloß auf diesem Wege. Sie erotisiere und romantisiere zudem immer mehr Waren, um so eine größere Käuferschaft unauffällig an die Märkte binden zu können. Strahlten bestimmte Produkte, Dienstleistungen und Orte erst einmal eine erotische und romantische Atmosphäre aus, so würden das Sex- und Liebesleben hiervon verstärkt abhängig, bis schließlich das eine mit dem anderen zwangsläufig assoziiert werde. Auf diese Weise dringe der Markt immer stärker in die intime Privatsphäre vor, um die Bedürfnisse der Verbraucher zu steuern, die irgendwann fast gänzlich den Gesetzen der Konsumindustrie unterstünden.

In diesem Zusammenhang wird dann für gewöhnlich unterschieden zwischen einem »wahren Glück«, das in der Erfüllung wahrer Interessen liege, und einem »falschen Glück«, das auf der Befriedigung falscher Bedürfnisse beruhe. Letztere werden deshalb als »falsch« etikettiert, weil Werbung und Massenmedien sie überhaupt erst geschaffen hätten. Sie seien nur scheinbar Ausdruck einer freien Selbstbestimmung, in Wahrheit jedoch Ergebnis einer äußeren Fremdbestimmung. Irrtümlicherweise empfände man so als persönliches Bedürfnis, was als eigener Wunsch einem von außen aufgedrückt worden sei. Dementsprechend hielten die manipulierten Verbraucher auch den Erwerb überflüssiger Warenangebote zur Befriedigung ihrer erotischen und romantischen Fantasien für unverzichtbar.

Hierdurch bereichere der Markt aber weniger die Beziehungen der Menschen untereinander, als dass er sie vielmehr entstelle. Die verführerischen Kräfte der Konsumindustrie hätten Sex und Liebe ihres wahren Sinns beraubt, mehr und mehr ihre Substanz ausgezehrt und den Menschen die Fähigkeit genommen, noch authentische sinnliche Erfahrungen machen zu können. Alles in allem habe sich die Qualität von Erotik und Romantik unter dem Einfluss der heutigen Warenwelt erheblich verschlechtert. Die kapitalistisch verdorbene Natur menschlicher Bedürfnisse verhindere jede wahre sexuelle und romantische Erfüllung, weshalb das erotische Liebesverlangen wieder stärker vom Produktionssystem abgekoppelt und von materiellen Werten befreit werden sollte. So berechtigt einzelne Aspekte dieser Kritik sind, aufs Ganze gesehen ist diese Diagnose übertrieben, wenn nicht sogar falsch. Der Gütermarkt hat die modernen Sex- und Liebesverhältnisse nicht einfach »kolonialisiert«. Denn genauer betrachtet fördert er sogar Werte wie Selbstverwirklichung und Individualismus sowie unser sinnliches Vergnügen. Die ökonomischen Verstrickungen unseres Liebeslebens lassen die Gefühle der Verliebtheit keineswegs bloß verkümmern, sondern bieten ihnen zugleich neue Freiheitschancen und Ausdrucksmöglichkeiten. Konsumgüter degradieren nicht einfach nur unsere Empfindungen, sondern sie bereichern auch unser Leben. Sie steigern die Erotik und verstärken die Romantik.

Freilich ist dies nur darum möglich, weil zwischen Sex und Liebe auf der einen Seite, Konsum und Luxus auf der anderen eine ursprüngliche Verbindung besteht. Beide Bereiche werden nicht gewaltsam und äußerlich miteinander verflochten. Die Warenwelt kann das Reich der Erotik und Romantik überhaupt nicht »kolonialisieren«, da beide Sphären miteinander verwandt sind. Lust und Luxus sind keineswegs einander wesensfremd. Sie gehören von vornherein zusammen, wie schon der Mönch Cassian erkannte und im Folgenden gezeigt werden soll.

WARUM SHOPPEN SEXY IST

Leidenschaftliche Liebe ist eine reine Verausgabung, deren Überschwang mit Völlerei und Luxus gleichgesetzt werden darf. Deshalb zielt unser Begehren auch nicht in erster Linie auf die Behebung eines Mangels, den eine gelungene Vereinigung ausgleichen soll. Denn unser Begehren drückt überhaupt keinen Mangelzustand aus, der sich aufheben ließe. Unser Begehren ist Ausdruck einer überreichen Fülle, die nach exzessiven Ausschweifungen verlangt. Aus diesem Grund rufen erotische Szenen weniger Bilder von Mangel, Armut und Not als vielmehr von Überfluss, Prunk und Üppigkeit hervor.

Solch hemmungslose Kraftverschleuderung überschreitet die Tauschgesetze der Wirtschaft und die Prinzipien von Gegenseitigkeit und Nützlichkeit, indem sie sich interesselos an das Genießen verschenkt. Eine genießende Hingabe an das Leben ist das Gegenteil von streng geregelter Arbeit, Gewerbsfleiß und Kapitalbildung. Jede lustbetonte Lebensweise steht im Gegensatz zu Weltverneinung und Berufsaskese. Luxus hat nichts zu tun mit kalten Bädern, nüchternen Diäten und hartem Gelderwerb. Ursprünglich bedeutet »luxuria« so viel wie üppiges Wachstum von Saaten und Pflanzen: verschwenderische Pracht der Natur. Daraus hat sich später die uns geläufige Bedeutung von Schwelgerei, Vergnügungssucht und Übermaß in der Lebensführung entwickelt. Allgemein bezeichnet Verschwendung einen Vorgang, bei dem Zeit, Kraft und andere Ressourcen vergeudet werden. Sie bedeutet aber auch überflüssige Güterverfeinerung. Ein unersättliches Verlangen nach der vollen Intensität des Lebens liegt an der Wurzel allen verschwenderischen Genießens. Dieses kennt keine Grenzen. Es findet niemals Rast und Ruh'. Der pralle Lebensdrang gleicht einem unstillbaren Durst.

Wie luxuriöser Verschwendung wohnt auch leidenschaftlicher Liebe die Tendenz inne, in reicher Fülle auszuteilen und zu verschenken – gemäß dem Gedicht *Fülle* von Conrad Ferdinand Meyer, in dem es heißt: »Genug ist nicht genug! [...] Genug kann nie und nimmermehr genügen!« Die lustvolle Kraftvergeudung ohne Rücksicht auf mögliche Verluste verbindet die zehrende Leidenschaft strukturell mit dem Verbrauch nicht lebensnotwendiger Güter. Beide überschreiten das Lebensnotwendige. Sie umgibt eine Aura des Überflusses, der Befreiung von Mühe, Last und Arbeit. Deshalb können sich Liebe, Lust und Leidenschaft im Luxus optimal entfalten. Luxus scheint der Kulturrahmen zu sein, in dem das Sinnliche überhaupt erst richtig aufblühen kann. Ekstatischer Sex in einem Nobelhotel am rauschenden Meer mit Champagner und Kaviar ist das klischeeartige Szenario hierfür.

Ein solches Dasein wird lukullisch genannt. Es steht für ein Leben mit Liebe zum Schönen, Geschmackvollen und Raffinierten, aber auch Teuren. Der Ausdruck »lukullisch« geht zurück auf den Heerführer Caius Licinius Lucullus aus dem 1. Jh. v. Chr., der zugleich ein feinsinniger Lebemann und Genussmensch war. Prachtvoll habe er seine Häuser und Bankette ausgestattet, bei denen die Mahlzeiten von besten Köchen zubereitetet und aus edelstem Geschirr genossen wurden, umrahmt von musikalischen oder tänzerischen Darbietungen. Sinnenfrohes Dasein bedeutete für Lucullus so viel wie ungenierte Ausgelassenheit in Saus und Braus, wozu amouröse Abenteuer, Exzesse der Wollust sowie eine von allen konventionellen Zwängen befreite Muße, ein erholsames Sich-treiben-Lassen gehörten.

Im ausgehenden 18. und beginnenden 19. Jahrhundert waren sinnenfreudige Prostituierten das Nadelöhr, wodurch Luxus und Verschwendung vom feudalen Hof in die bürgerliche Gesellschaft gelangten. Paul Lafargue, Schwiegersohn von Karl Marx, schreibt: »Die Kurtisane ist die Königin der Zivilisation [...], sie ist der Schutzgeist, der Handel und Gewerbe belebt und kräftigt [...]; in ihren kalten und nachlässigen Fingern zerfließen Bergwerke, Fabriken, Banken, Staatspapiere, Weinberge, Getreideländereien und Wälder wie Schnee in der Sonne und strömen in die tausend Kanäle des Handels und der Industrie. Die Kurtisane erhebt die Verschwendung zur Höhe einer sozialen Tugend.«

Eine Ehe sollte dauerhaft und stabil sein, doch leidenschaftliche Liebe vergeht, weshalb sie nicht als Basis für eine Ehe infrage kam. Darum wurde abenteuerliche Liebe oft außerhalb der Ehe bei Mätressen und Kurtisanen gesucht. Deren Anzahl vermehrte sich erheblich außerhalb des Hofes in den sich entwickelnden Großstädten des 17. und 18. Jahrhunderts. Fast gehörte es zum guten Ton, sich eine Mätresse oder Kurtisane neben der Ehefrau zu halten und auszuhalten. Diese waren in der Regel elegante Damen mit gehobenen Ansprüchen, welche nachgerade die anständigen Frauen in ihrer Geschmacksrichtung beeinflussten. Beispielsweise wurden diese erst durch die Kurtisanen dazu gebracht, sich regelmäßig zu waschen. »Alle Tollheiten der Mode und des Luxus, der Pracht und Verschwendung wurden zuerst von den Mätressen durchprobiert, ehe sie in abgetönter Färbung von den Damen der Gesellschaft aufgenommen« wurden, schreibt Werner Sombart. Erst durch deren gehobenen Ansprüche sei der verschwenderische Luxuskonsum in der damaligen Gesellschaft gesteigert worden. Außerdem schufen die expandierenden Großstädte neue Möglichkeiten zur üppigen Lebensführung. Es entstanden immer mehr Läden, Hotels, Theater, Ball- und Musikhäuser, in denen nun Feste, die sonst bloß am Hofe stattfanden, auch breiteren Schichten der Bevölkerung zugänglich wurden. Höfischer Luxus drang in das städtische Leben ein. Allerdings entfaltete sich lediglich ein größerer Sachluxus. Die Dienerschaft schrumpfte allmählich. Vielfältige Luxuswaren fanden im Übergang von der Hof- und Adelsgesellschaft zur bürgerlichen Gesellschaft immer größere Verbreitung: Gewürze, Kaffee, Tee, Zucker, verschiedene Gewebe und Bekleidungsstoffe, Porzellan, Schmuck, Spiegel, Möbel und andere Güter. Diese verfeinerten das Leben immer größerer Bevölkerungsgruppen. Besonders verschwenderisch waren die Leute aus dem Volk, die schnell zu Geld gekommen waren. Diese setzten ihr Vermögen vorwiegend für Luxusprodukte ein, um zur vornehmen Gesellschaft gehören zu können. So und auf ähnliche andere Weise begünstigte der wachsende Luxusbedarf, der durch die verfeinerten Ansprüche der Mätressen und Kurtisanen geweckt wurde, die kapitalistische Wirtschaftsordnung.

Menschen bedürfen ganz einfach des Überflüssigen, weil das Lebensnotwendige ihrem Bedürfnis nach Glück nicht genügt. Dieses Bedürfnis ist verankert in unserer sinnlichen Natur, worauf die Entstehung fast aller Luxusgüter zurückgeführt werden kann. So entspringt aller verschwenderische Luxus der rein sinnlichen Freude am Genuss der Augen, Ohren, der Nase, des Gaumens und des Tastsinns. Viele Zeitgenossen erwarten das wahre Glück vom verschwenderisch-genießenden Leben: dem ungehemmten Erleben sinnlicher Intensitäten in der orgiastischen Ausschweifung. Das Fest setzt alle Nützlichkeitserwägungen außer Kraft. Im Rausch gilt die Devise: Nur nicht nüchtern werden! Niemand feiert sich gleich kaputt, wenn er hin und wieder abstürzt. Im Gegenteil kann Abstürzen überaus schön sein, solange man nicht aufschlägt.

Schon Nietzsche schrieb im Herbst 1881: »Verschwendung ist ohne Weiteres kein Tadel, sie ist vielleicht notwendig. Auch die Heftigkeit der Triebe gehört hierher.« Genauer gesprochen liegt im erotischen Delirium sogar der eigentliche Ursprung aller luxuriösen Verschwendung. Erst Liebe, Lust und Leidenschaft reichen an die Wurzel des unproduktiven Luxuskonsums hinunter.

Obwohl gerade heutzutage die sexuelle Aktivität von der Fortpflanzung immer öfter abgekoppelt wird, sind sexuelles Verlangen und Sinnengenuss ein Teil von jener Macht, mit der uns die Natur zur Zeugung von Nachkommen verführen möchte. Die biologische Funktion der sexuellen Reizbefriedigung liegt in der Fortpflanzung, von der sie sich jedoch größtenteils losgelöst hat. Sex und Liebe üben auch ohne Fortpflanzungsabsichten einen wichtigen Einfluss auf die menschliche Lebensgestaltung aus. Dabei fällt auf: In Zeiten, zu denen das Liebesleben weitgehend verkümmert, wird das Leben insgesamt eher sinnenfeindlich und sparsam geführt, während verschwenderischer Luxus dort am meisten blüht, wo sich das Liebesleben frei entfalten kann, die nötigen Mittel hierfür vorausgesetzt. Es ist wohl kein Zufall, dass das lateinische »luxuria« zweierlei ausdrückt: üppige Pracht und wollüstiges Begehren. Wer zügellosen Sex bevorzugt, findet für gewöhnlich auch Wohlgefallen am Ausleben aller Sinne. Der Lebenshunger wirft jede lustfeindliche Hemmung über Bord, sobald sich eine Gelegenheit hierzu bietet und die entsprechenden Mittel hierfür bereit stehen. So führt ein gerader Weg von der leidenschaftlichen Ausschweifung zum luxuriösen Lebensstil mit all seinen Kraft-, Zeit- und Geldvergeudungen wie umgekehrt vom materiellen Konsumieren zum sexuellen Amüsieren. Genau deshalb bleibt die romantische Vorstellung eine weltfremde Utopie, dass brennende Liebe uns aus den Fesseln des eiskalten Marktes befreien könne. Vor dem Hintergrund des Dargelegten darf es im Gegenteil nicht weiter verwundern, dass die romantische Liebe, einst als

Fluchtort vor der modernen Konsumwelt gefeiert, deren bevorzugter Adressat geworden ist.

KÖRPER MACHEN LEUTE

Wohl am stärksten dringt der Markt in die Intimsphäre der Menschen ein, wenn er den sexuellen Bereich nach den Gesetzen der liberalen Konsumwirtschaft einrichtet. Heute ist ein kapitalistisch geordneter Tauschmarkt sexueller Beziehungen entstanden. Auf diesem Bazar wird vornehmlich der Körper zur sexuellen Selektion angeboten und der Wert des Menschen nach beruflichem Erfolg, freundlichem Auftreten und gutem Aussehen berechnet. Da es aber den marktgerechten Körper der Handelsklasse A nur selten von Natur aus gibt, hat sich der Sexmarkt mit der Welt des Sports verbunden.

Zahllose Menschen treiben intensiv Fitness, türmen Muskelberge auf, schuften für markante Waschbrettbäuche, enge Taillen und straffe Pobacken, um sich erfolgreich im Kampf um sexuelle Marktanteile behaupten zu können. In diesen Aktivitäten zur Erhöhung der sexuellen Attraktivität dürfen sich Jung und Alt verbunden fühlen. Sie alle nehmen ihren Naturzustand nicht mehr als Schicksal hin, sondern bauen den Körper nach eigenen Idealbildern um. Keine Spur des gelebten Alltags soll dessen Ebenmaß beschädigen. Selbstverständlich erhöht körperliche Attraktivität die Chancen für erotische Abenteuer.

Dieses Streben nach einem idealen Körper wird niemals nur selbstbestimmt von innen gelenkt, sondern ebenso fremdbestimmt von außen gesteuert. Den Körper, den man haben und spüren möchte, ist auch der Körper, den Massenmedien, Werbung und Mode als Idealvorstellung anpreisen. Gemäß diesem Leitbild versuchen viele ihre Körperform zu vervollkommnen und ihre Körperleistungen zu erhöhen. Gleichfalls sind sie darum bemüht, ihr Lebensempfinden und Wohlbehagen zu steigern. Allerdings werden wir im Kampf um visuelle Attraktivität nicht bloß von kulturellen Normen und Zufälligkeiten bestimmt, sondern auch von biologischen Mechanismen. Ohne zu übertreiben, darf der Körperboom als neue Sinngebung bewertet werden, die eine Lebenshaltung stimuliert, die sich rigoros am erfüllten Augenblick orientiert. Der dekorative Körper ist Inbegriff einer lustbetonten Konsum- und Spaßgesellschaft geworden, in der eine exquisite Erscheinung ein hohes Gut darstellt und der Wert des Daseins fast deckungsgleich mit seiner äußeren Schönheit ist. Alles Begehren haftet an attraktiven Oberflächen.

In der Geschichte wurde Gesundheit häufig als göttliches Geschenk oder natürliche Gabe gesehen. Heute gilt sie insbesondere als Ergebnis eigener Lebensführung. Zur Erlangung dieses hohen Guts werden teilweise größte Anstrengungen unternommen und hohe Summen bezahlt, weil man nicht bloß gesund sein, sondern sich ebenso fühlen möchte. Doch ist gesundes Wohlbefinden normalerweise nicht zu merken, es sei denn, man hat gerade eine Krankheit gut überstanden. Was Gesundheit ist, wissen wir paradoxerweise häufig erst dann, wenn wir sie verloren haben.

Außer dem Verlangen nach subjektivem Wohlbehagen und objektivem Wohlergehen steckt hinter dem Gesundheitswahn unserer Zeit auch das Bedürfnis nach zeitloser Jugendlichkeit und attraktiver Schönheit. Man möchte vital und fit durch das Leben gehen, nicht als gebrechlich und alt gelten, sondern auf andere noch in fortgeschrittenem Alter ansprechend wirken. »Jugend ist das Einzige, was Wert hat«, heißt es in Wildes *Dorian Gray*. Dieser Traum von immerwährender Jugend und Schönheit und die damit einhergehende Rebellion gegen unaufhaltsames Altern und körperliche Unvollkommenheit verhindern oft eine versöhnliche Einwilligung der Menschen in die eigene Vergänglichkeit.

Aufs Engste mit dem beschriebenen Jugendwahn verbunden ist der Körperkult unserer Tage. Noch nie zuvor wurden so intensiv Körperhygiene, Kosmetik, Gymnastik, Fitness und Bodybuilding betrieben – Diäten, Schönheitsoperationen und Wellness eingeschlossen. Selbst Tattoos, Piercings und Brandings haben von vielen Körpern inzwischen Besitz ergriffen. Ein Fest für das Auge zu sein ist die höchste Auszeichnung für einen gestylten Körper.

Es genügt nicht mehr, bloß seinen Kopf mit einer sportlich-modischen Frisur zu schmücken, das Gesicht zu schminken und den Körper in schöne Kleider zu hüllen, auch wenn dies alles selbstverständlich weiter dazugehört, wie schon Mandeville im 18. Jahrhundert notierte: »Kleider wurden überhaupt ursprünglich in zwiefacher Absicht verfertigt: um unsere Nacktheit zu decken und um unsern Leib gegen das Wetter und andere äußere Unbilden zu schützen. Hierzu hat nun unsere grenzenlose Eitelkeit eine dritte gefügt, nämlich den Schmuck.« Allerdings geht unsere Zeit noch einen Schritt weiter. Heutzutage können Kosmetikprodukte nichts mehr zudecken, Push-ups und Wonderbras nichts mehr betonen oder abschwächen, ausgepolsterte Sakkos nicht mehr über den wahren Körperbau hinwegtäuschen. Obwohl nach wie vor Kleider Leute machen, kommt es doch in erster Linie auf den Körper darunter an. Erst dessen attraktive Oberfläche führt zu einer visuellen Anstachelung des Begehrens. Deshalb lässt man im Club schon mal das eine oder andere Kleidungsstück fallen, um mit entblößtem Oberkörper, bauchfreiem Top oder Bikinioberteil die ganze Nacht hindurch zu tanzen. Hier existiert nur, wer sich anderen zeigt. Der nackte Körper ist zu einer Fläche öffentlicher Selbstinszenierung geworden.

Die Skulpturen des Altertums und der Renaissance wurden bewusst ohne Bekleidung dargestellt, weil sich nur so die Schönheit und Vollkommenheit des menschlichen Körpers zeigen ließen. Beispielhaft für viele andere schrieb Gotthold Ephraim Lessing: »Not erfand die Kleider, und was hat die Kunst mit der Not zu tun? Ich gebe es zu, dass es auch eine Schönheit der Bekleidung gibt; aber was ist sie gegen die Schönheit der menschlichen Form?«

Aber die nackte Haut ist ein vieldeutiges, ja gegensätzlich interpretierbares Organ. Weit davon entfernt, darin bloß ein Symbol begehrenswerter Schönheit zu sehen, wird sie bis heute zugleich als Bild für menschliche Schutzlosigkeit und Hinfälligkeit gedeutet. Nacktheit steht für wehrlose Verletzlichkeit, weshalb zur Schau gestellte Blöße manchmal als erniedrigend und demütigend empfunden wird. Doch so sehr nackte Haut, symbolisch betrachtet, menschliche Verwundbarkeit anzeigt, biologisch gesehen ist sie als Mittel der Daseinsmeisterung fast das blanke Gegenteil hiervon. Denn mit der Verminderung des Haarkleides ging in der Evolution die Entwicklung von Schweißdrüsen am ganzen Körper einher, die den überanstrengten Körper in die Lage versetzen, rasch Wärme abzugeben. Diese Möglichkeit zur Regulation ist eine notwendige Voraussetzung zur leistungsstarken Körperarbeit. Als Sinnbild kreatürlicher Zerbrechlichkeit und als Organ erfolgreicher Selbsterhaltung gehört die nackte Haut so in den Kontext des menschlichen Überlebenskampfes.

Gleichzeitig spielt sie eine wichtige Rolle bei der sexuellen Selbstanpreisung des Menschen, warum sie häufig in der Geschichte auch als Bild schamloser Wollust und sündiger Befleckung verurteilt wurde. Selbstverständlich haben wir uns von dieser Sichtweise inzwischen längst verabschiedet. In der Erlebnisgesellschaft bedeutet nackte Haut so viel wie kraftvolle Energie und erotische Schönheit. Als solche verkörpert sie unser sexuelles Begehren. Heute bildet das Nackte sogar das Schönheitsideal unter der Gürtellinie. Nach dem Motto »Rasur statt Natur« wird im Intimbereich, wo einst Haare wild wuchern durften, gestutzt, gezupft, gewachst und gerodet.

Zwar wird die Rebellion gegen den Körper der Handelsklasse D von den modernen Massenmedien und der Freizeitindustrie angeführt. Zugleich lässt sich der Ursprung der Revolte gegen Unattraktivität aber auch schon im Tierreich ausmachen. Wie bereits ausgeführt, haben auffällige Ornamente, sogenannte extravagante Merkmale wie die Federschwänze der Pfauen, die Funktion, etwas über die Fitness eines Lebewesens auszusagen. Dessen Attraktivität steigt für das Weibchen umso mehr, je ausgeprägter und stärker diese äußerlichen Merkmale sind, da es von einem solchen Männchen wahrscheinlich fitte Jungen bekommen wird. Diese uralte Fortpflanzungsstrategie wirkt bei uns Menschen fort. Bestimmte Merkmale, wie äußere Schönheit, ebenmäßige Form, faltenfreie Haut, glänzendes Haar, Symmetrie, Kraft und Jugendlichkeit, zeigen gute Gene an. Deshalb üben sie eine starke Anziehungskraft auf die Menschen aus. Das Gleiche gilt für Prestige und Reichtum, demonstrativen Konsum und luxuriöse Verschwendung, von denen sich viele genauso leicht beeindrucken lassen. Solche Äußerlichkeiten spielen in der Balzarena ebenfalls eine große Rolle. Sie sind den auffälligen Ornamenten der Tiere vergleichbar, zeigen sie doch eine überschüssige Potenz, die dem künftigen Partner und den gemeinsamen Nachkommen ein gutes Leben verspricht.

Selbstverständlich gibt es im gnadenlosen Verdrängungswettbewerb zahllose Verlierer, denen trotz Sportstudio, Liposuktion und Muskelaufbaupulver die Welt der sexuellen Freizügigkeit verschlossen bleibt. Der sexuelle Liberalismus hat gewissermaßen eine Zwei-Klassen-Gesellschaft hervorgebracht. Darin gibt es »Reiche«, die genetischen und materiellen Gewinner, die aufgrund ihrer Jugendlichkeit, Schönheit und Finanzmittel täglich Sex und erotische Abenteuer haben können, und »Arme«, die genetischen und materiellen Verlierer, die aufgrund ihrer mangelnden Attraktivität, ihres fortgeschrittenen Alters und schwachen Einkommens nur gelegentlich, einige sogar überhaupt nie oder nicht mehr Sex haben. Letztere sind verurteilt, ihr Leben im Unscheinbaren zu führen. Sie können ihre sexuellen Begierden meist nur über Masturbation oder Prostitution befriedigen. Die Popkünsterlin Madonna, die verlogen souverän mit der Sünde zu spielen vermag, drückt die Vorzugswürdigkeit jugendlicher Schönheit so aus: »Ich bevorzuge junge Männer. Sie wissen zwar nicht, was sie tun. Aber sie tun es die ganze Nacht.« Dagegen tröstet der französische Schriftsteller Michel Houellebecq die »Schlechtweggekommenen« mit den Worten: »Ich wende mich an alle, die nie jemand geliebt hat, die nie zu gefallen wussten; ich wende mich an die, die im befreiten Sex nicht vorkommen, im rohen Sinnengenuss. Fürchtet euch nicht, Freunde, da verpasst ihr kaum etwas; die Liebe gibt es nirgendwo. Das hier ist nur ein grausames Spiel, und ihr seid die Opfer; ein Spiel für Spezialisten nur.«

Tatsächlich bleibt selbst außergewöhnlich schönen und erfolgreichen Menschen zuweilen das Glück verwehrt. Mögen sie offiziell auch auf der Gewinnerseite stehen, ihr erotisches und kommerzielles Potenzial führt nicht automatisch zu einem erfüllten Leben mit vollkommenen Glücksmomenten. Auch schöne Schuhe können drücken! Davon abgesehen scheitern am Ende ohnehin alle, weil sich Schönheit und Jugendlichkeit nicht dauerhaft erhalten lassen. Es gibt keinen Sieg über das unbarmherzige Altern. Dieser schmerzhafte Prozess wird nur durch das allmähliche Absinken des Östrogen- und Testosteronspiegels abgefedert, mit dem auch das Verlangen nach Liebe, Lust und Leidenschaft schrittweise zurückgeht. Da erweist es sich plötzlich als falsch, nur einen ausgeprägten Sinn für Äußerliches entwickelt zu haben, der den Einzelnen bei Berührung der letzten Lebensfragen leicht in große Verlegenheit bringen kann.

Doch wäre es genauso falsch, den Sinn fürs Äußerliche ganz abstumpfen zu lassen, solange man noch auf der Suche nach sinnlichen Intensitäten ist. Nachweislich verschafft erst ein attraktives Äußeres den Glücksrittern einen privilegierten Zugang zu den Quellen des prallen Lebens. Dies mag man bedauern und für ungerecht halten. Nur ändern lässt es sich nicht.

Abenteuer Liebesspiel

Eines ist die rastlose Suche der Menschen nach erotischen Abenteuern, die sie regelmäßig in Lügen und Halbwahrheiten verstricken. Ein anderes ist die Fähigkeit, erotische Abenteuer mit intensiven Erlebnissen zu füllen. Auf diesem Gebiet versagen viele Sexpartner. Beides, die Lügengeschichten und die Langeweile im Bett, hat eine gemeinsame Ursache: Es ist die Unverträglichkeit selbst der liberalen Sex-, Liebes- und Beziehungskultur mit unserem Begehren, die einerseits zu verheimlichten Affären, andererseits zu eintönigen Sexualpraktiken führt. Da sich die ausschweifende Ekstase in überhaupt keinem Kulturgehäuse angemessen unterbringen lässt, kommt sie oft nur heimlich oder entschärft zustande. Erotische Abenteuer sprengen jedes bürgerliche Maß. Dennoch sollte es ein Recht auf sexuelle Exzesse geben. Die Frage ist nur, bis zu welchem Punkt der Einzelne »zu weit« gehen darf, um das Feld seiner bisherigen Möglichkeiten auszudehnen? Es ist Zeit für eine neue Sexualkultur. Unstrittig gehört hierzu nicht bloß ein offenerer Umgang mit Seitensprüngen, Affären und Lügen, sondern auch eine schrittweise Überwindung des verbreiteten erotischen Analphabetismus.

Niemand verzichtet so leicht auf ein Glück, das zu halten in der eigenen Macht liegt. Doch wie häufig zerrinnt den Menschen die Zeit unter den Händen, ohne dass sie jemals die großen Worte der sinnlichen Erfüllung erlebt haben: Ekstase, Liebestaumel, Intensität. Die meisten geben im Laufe des Lebens ihre geheimen Träume auf, um ein mehr oder weniger sonnenloses Dasein zu führen. Sie begnügen sich mit dem matten Schimmern des Glücks, das wie aus entlegenen Fernen schwach auf ihrem Dasein glänzt. Gleichwohl verfließt ihr Leben nicht so, dass sie irgendetwas zu entbehren scheinen. Viele wirken heiter und zufrieden, obwohl sie zuweilen eine tödliche Langeweile am helllichten Tage überkommt. Erst dann sehen sie ihre Lebensjahre sich ohne den Beistand sinnlicher Freuden in der Zukunft dehnen, und es schauert ihnen vor der Zeit, die vor ihnen liegt. Es scheint, als könnten sie kaum mehr die leiseste Regung spüren und müssten ihr künftiges Dasein ohne Seligkeit in dumpfer Ermattung hinbringen. In dieser hoffnungslosen Lage steigt ein Neid gegen all jene auf, die ihre Träume ohne jede Rücksicht auf früher und ohne jede Sicherheit für später leben. Selbst wenn man deren Schamlosigkeiten öffentlich verachtet, im Inneren beneidet man sie dennoch darum. Insgeheim bedauert man, als Muster von Anstand darauf aus zu sein, den guten Ruf von jedem Verdacht einer freieren Lebensweise fernzuhalten. Da es nur selten vorkommt, dass wir Menschen uns eines reinen Herzens bewusst sind, wagt fast niemand, sich so darzustellen, wie er wirklich ist. Plötzlich fühlt man sich aber weniger behaglich als zuvor, schläft nicht mehr so ruhig wie bisher. Schätzte man bislang, als Mensch mit guten Manieren, korrekter Zurückhaltung und einer vornehmen Eleganz im Auftreten geachtet zu werden, so gewährt einem das alles jetzt nicht mehr die gewohnt stille Befriedigung. Der Lebenswille hat von Neuem zu wühlen begonnen, und in dieser gärenden Unruhe wird selbst der Durchschnittsbürger, dem eine vorgezeichnete Bahn den Weg ins Weite weist, von flügelschlagender Abenteuerlust gepackt.

Welche Frau und welcher Mann träumt nicht gelegentlich von ausgefallenen Sexualpraktiken, obgleich es in der Gesellschaft noch immer an Verständnis für außergewöhnliche erotische Vorlieben mangelt? Vielleicht geschieht unter der Bettdecke unserer Nachbarn nichts Aufregendes, aber in der Fantasie vermutlich mehr, als man denkt, selbst wenn ihre Wunschträume meist ins Leere flattern.

Das Leben bietet dem spielerischen Begehren ein offenes Trainingsfeld, einen großen Gestaltungsraum, der immer wieder neu modelliert werden möchte. Guter Sex ist experimentell. Er überschreitet nicht nur bürgerliche Konventionen, sondern auch biologische Vorgaben. Denn er ist ein Kunsthandwerk, stets auf der Suche nach neuen Reizmomenten. Sexualität ist eine schöpferische Kraft mit der Möglichkeit, den Körper als eine Quelle ganz verschiedenartiger Lüste zu gebrauchen. Das kann man bereits im *Kamasutra,* dem ältesten hinduistischen Lehrbuch der Erotik aus dem 3. Jh. n. Chr. lesen. Hierzu sind vor allem Energie und Kreativität erforderlich. Mit dem Liebesspiel verhält es sich wie mit dem Musizieren: Es bedarf zwar keines besonderen Geschicks, einzelne Töne auf einem Klavier hervorzubringen, aber virtuoser Kunstfertigkeit, um ihm schöne Melodien zu entlocken.

Heute ist nicht mehr unterdrückter Sex das Problem, sondern sexuelle Unzufriedenheit, die häufig einer starken Orgasmuszentrierung zur Last gelegt werden kann. So sehr der Impuls, zu begehren, den fünf Sinnen entspringt, im Mittelpunkt allen sexuellen Verlangens steht der Orgasmus. Aber wie bedeutsam sexuelle Höhepunkte auch für das Lustempfinden sind, die starke Fixierung hierauf bedeutet eine erhebliche Verkürzung des hautnahen Glücks. Insbesondere dem männlichen

Begehren wohnt oftmals ein lüsternes Drängen inne, das gebieterisch nach dem Höhepunkt verlangt. Die häufigsten Probleme des Mannes beim Sex sind außer Erektionsschwierigkeiten vorzeitiger Samenerguss, der sich am besten durch mehr Handarbeit vor dem Liebesspiel aufschieben lässt. Überhaupt kann Selbstbefriedigung einen wesentlichen Beitrag zur sexuellen Genussfähigkeit leisten. Woody Allen bringt es humorvoll auf den Punkt: »Ich bin ein so fantastischer Liebhaber, weil ich täglich mit mir selbst trainiere.«

Zum gelungenen Sex bedarf es mehrerlei: ausreichend Zeit, verfeinerter Spieltechniken, verantwortbarer Hemmungslosigkeit und einer Erotisierung des gesamten Körpers.

Ein dauerhaftes Liebesspiel setzt Unterbrechungen, Verzögerungen, Umwege, kurz eine Pausenkultur voraus. Nur so kann mehr Zeit gewonnen und die starke Fixierung auf den Höhepunkt gebrochen werden. Alle Lust verlangt nach Unaufhörlichkeit. Sexgourmets sind ausgesprochene »Gegenwartsmenschen«, wie Georg Simmel die erotischen Abenteurer nennt. Diese können im Rausch des Augenblicks gleichermaßen Vergangenheit und Zukunft ausblenden. Im höchsten Sinnenglück gibt es für sie nur den einen Wunsch: möglichst lange im wunschlosen Delirium verharren zu dürfen. Aber der natürliche Feind jedes schönen Augenblicks und damit der rauschhaften Sexualität bleibt die Zeit, deren Vergänglichkeit sich nur durch kleine Pausen ein wenig überlisten lässt.

Experimentierfreudige Feinschmecker der Lust bringen sich gelassen an den Rand eines Orgasmus, ohne sich entladen zu müssen. Gerade im sehnsüchtigen Noch-Nicht, diesem seligen Zögern, das den Höhepunkt, die genitale Energie-Eruption in sich trägt, aber sie noch versagt, verschiebt und vorenthält, einfach noch nicht zulässt, liegt die Kunst der Begierde: »Ars erotica«. Diese lässt den einbestellten Orgasmus gewissermaßen eine Zeit lang antichambrieren und achtet darauf, dass er sich – bevor er durch das Hauptportal hereingebeten wird – nicht durch eine Hintertür einschleicht. Allerdings fällt es insbesondere reizverwöhnten jüngeren Männern schwer, die sexuelle Erregung ausdauernd am Siedepunkt zu halten und die Auflösung der Reizspannung bewusst hinauszuzögern.

Wichtiger als der kurze Höhepunkt ist aber das einfühlsame Spiel des Lustgewinns aus allen erogenen Körperzonen. Dies setzt eine Erotisierung des ganzen Körpers unter Einbeziehung aller fünf Sinne voraus, die dem Einzelnen einen privilegierten Zugang zu höchster Intensität bieten können. Schon Ovid schrieb in der *Liebeskunst*, dass »auf tausend Arten die Liebeslust zum Ausdruck kommen« kann, bei der »es weder an Lauten noch an helfenden Worten fehlen« darf, und »das Bettgestell soll von den wollüstigen Bewegungen erzittern«. Durch Einbeziehung sonst vernachlässigter Körperteile wie Füße, Achselhöhlen, Nippel und Po oder durch außergewöhnliche Stellungen können ganze neue Intensitäten entstehen. Mit Lippen, Zunge und Zähnen lässt sich der gesamte Körper in ein Organ der Lustgewinnung verwandeln. Zur Erreichung des sexuellen Kicks stehen vielfältige Methoden und Techniken zur Verfügung. Hier sei lediglich das »kosmische Küssen« genannt. Dabei wird absichtlich eine Sauerstoffunterversorgung im Gehirn herbeigeführt, die eine vermehrte Ausschüttung von Endorphinen, der sogenannten Glückshormone auslöst. Wichtige Voraussetzung hierfür ist eine genaue Koordination des Atemrhythmus der beiden miteinander verbundenen und nach außen abgeschotteten Münder. Der eine atmet den Atem ein, den der andere ausatmet, der anschließend wieder den Atem des Liebespartners einatmet und so immer weiter. Bei diesem Vorgang, bei dem nur der Atem des anderen geatmet wird, reduziert sich nach und nach der Sauerstoff. Daraufhin baut sich schrittweise ein Hochgefühl auf, das die sexuelle Erregung steigert, das Liebespaar euphorisiert und hemmungslos werden lässt, bevor die Luft schließlich kanpp wird, sodass sich die Münder öffnen, um frischen Sauerstoff zu tanken.

Hemmungslosigkeit ist eine wichtige Bedingung für guten Sex. Bis heute hält schlechtes Gewissen, Scham und Verklemmtheit viele Menschen von unverkrampften Sexspielen ab. Doch je hemmungsloser, umso schöner! Enthemmte Begierde begehrt nicht nur den anderen, sondern auch sich selbst sowie die Begierde des anderen. Im Begehren werden wir füreinander ganz Körper und die Körper animalischer Drang nach exzessiver Entgrenzung. Zu den elementaren Botschaften des erregten Körpers gehört seit jeher etwas Rohes, Wildes, das Laster und die Ausschweifung. Unter der Oberfläche der begierigen und begehrten Haut pulsiert gleichsam eine Kraft, die das Vulgäre und Obszöne, auch die Sprache des Unrats, anzieht. Es sind die Grimassen der lüsternen Erregung und die Fratzen des bebenden Fleisches, die in den wonnevollen Verzückungen des Lustrauschs alle Vernunft zum Schweigen und die Kehrseiten unserer zivilisierten Existenz zum Klingen bringen möchten.

Gleichzeitig setzt ein gelungenes Liebesspiel eine Art Intelligenz im Sinne feinfühliger Beobachtungsgabe voraus. Wer sagt »Dumm fickt gut«, sollte vielleicht mal das Gegenteil ausprobieren! Es ist ein Irrtum, zu glauben, Denken und Sprechen seien Erzfeinde der Leidenschaft. Wohl dem, der auf der Grundlage reflexiver Selbsterforschung seinen sexuellen Neigungen und Vorlieben einen sprachlichen Ausdruck verleihen und mit seinem Partner hierüber reden kann. Nur wenn die Spielgefährten sich trauen und fähig sind zu sagen, was sie gerne machen oder erleben möchten, wird es ihnen am ehesten gelingen, ihre sexuellen Fantasien ausleben zu können. Hierzu können erotische Werkzeuge und Rollenspiele ebenso gehören wie schmutzige, obszöne Beschimpfungen, sogenannter Dirty-Talk. Mit der Leidenschaft geht oft eine starke Neigung zum Gewöhnlichen einher.

Wie von einem unbändigen Lebensappetit angetrieben, experimentieren seit jeher Sexgourmets mit ihrer Lust. Auf der Suche nach intensiven Sinneseindrücken verbinden sich ihre sexuellen Impulse regelmäßig mit kreativen Ideen. So probieren sie immer wieder neue erotische Kombinationen aus. In diesem Projekt der Entgrenzung können Sexspielzeuge, auch pharmazeutische Muntermacher, zum Einsatz kommen. Potenzmittel werden wie Lifestyle-Drogen genommen und manche greifen sogar zu härteren Rauschmitteln, um ihr Sexualleben zu intensivieren. Andere Feinschmecker der Lust lieben an öffentlichen Plätzen, in Parks, Autos oder an Orten minderer Qualität. Zum gelungenen Liebesleben kann der Bruch mit ganz unterschiedlichen Konventionen gehören.

Obwohl Liebe, Lust und Leidenschaft im Leben der meisten zeitweilig eine große Rolle spielen, haben aber nur die wenigsten einen speziellen Raum für ihr Sexualleben in der eigenen Wohnung. Selbst experimentierfreudige Sexgourmets mit ausgeprägtem Hang zu kompromisslosem Exzess verfügen oftmals nicht über spezielle Räumlichkeiten. Bevorzugt treiben es die Menschen im Bett, viele im Wohnzimmer, manche unter der Dusche, einige auch auf dem Küchentisch. Nur über Spielzimmer zur lustvollen Körperbewirtschaftung verfügen sie nicht.

Das ist verwunderlich, nachdem inzwischen Wohnen für viele ein Lebensgefühl geworden ist. Freilich sprengen Experimentierfreudige die geläufigen Wohngrundrisse, die nach klar definierten Aufgaben sortiert sind. Wuchtige Couchecken und schwere Schrankwände weichen immer öfter offenen Wohnlandschaften mit großflächigen Sofainseln und bunten Sitzsackhügeln. Nur die »sexuelle Befreiung« scheint in der neuen Wohnwelt noch nicht angekommen zu sein. Die Scham vor Schwiegereltern, Kindern und Freunden ist so groß, dass die Herrichtung »erotischer Hobby- und Partykeller« von den meisten nicht einmal erwogen wird. Dabei gewährte ein solcher Raum den Besuchern doch lediglich einen Einblick in die Oberfläche des Geläufigen, das offenbar schon viele Menschen in der Verborgenheit belassen möchten. Allerdings ist diese leicht nachvollziehbare Scheu nicht das einzige Hindernis bei der Einrichtung erotischer Spielzimmer.

Wie topfittes Aussehen ist guter Sex auch jenseits der vierzig oder fünfzig noch möglich, keineswegs aber gang und gäbe. Jedenfalls möchten langjährige Beziehungen, die auf schwankendem Boden fortbestehen, nicht mehr unbedingt gemeinsam ihre sexuelle Selbstverwirklichung vorantreiben. »Stöhnst du noch oder schnarchst du schon?«, lautet nun die bange Frage ans reizlose Gegenüber. Denn jeder von uns verkörpert irgendwann nur noch eine herabgestufte Erotik. Dieser Bedeutungsverlust der Triebkräfte und Sehnsüchte erübrigt jedes erotische Spielzimmer, wofür möglicherweise sowieso weder genug Platz noch ausreichend Geld zur Verfügung stehen. Viele sind froh, überhaupt eine erschwingliche Wohnung zu haben; mehr privater Lebensraum bleibt für sie unbezahlbar.

Schwerer aber als alle erwähnten Hindernisse wiegt der erotische Analphabetismus vieler Sex- und Liebespartner, die, auf den Orgasmus fixiert, die skizzierte Kunst des Begehrens oft nur unzureichend beherrschen. Wer sich möglichst schnell in die sexuelle Befriedigung hineinrammelt, braucht kein Labor für erotische Experimente! Dagegen sehen die Virtuosen der Lust in einem solchen Spielzimmer ein Desiderat des modernen Wohnungsbaus. Eine solche Idee widerspricht weder Maß noch Mitte. Sie erscheint nur dort als heraufgeschraubt und überzogen, wo falsche Zurückhaltung, entsagungsbereite Verklemmtheit und mutlose Resignation – die Nachkommen früherer asketischer Ideale – der körperlichen Lust feste Zügel anlegen, statt dass ihr der Sporn gegeben wird.

Heute bekommt man öfter zu lesen, dass die menschliche Erotik in einer tiefen Krise stecke. Lustvolles Stöhnen sei zwar an allen Ecken zu hören und erotische Bilder mit nackter gebräunter Haut in Illustrierten, im Internet, auf Reklamefotos und TV-Clips allenthalben zu sehen. Auch gehörten Oben-ohne und Beischlafszenen im Fernsehen mittlerweile zum Normalen. Darüber hinaus gebe es eine Bilderschwemme dauerkopulierender Pornostars mit strotzender Potenz und stets willigen Körpern – zum Nulltarif für jedermann zugänglich auf bestimmten Internetkanälen. Nur mit knisternder Erotik habe das alles so wenig zu tun wie die vom Tageslicht ausgeleuchteten Körper an FKK-Stränden, die in den seltensten Fällen reizvoll wirkten. Unmittelbare Sinnlichkeit, direkte Triebbefriedigung ohne Aufschub, der orgasmusfixierte Gebrauch der erregten Geschlechtsteile und obszöne Ausdrücke hemmten sogar die Triebfantasie. Dies alles verdränge das erotische Spiel von Enthüllung und Verdeckung, Nähe und Distanz. Heutzutage gehe es immer gleich um das »Eine«: die ungebremste Befriedigung augenblicklichen Verlangens. Wahre Erotik spiele sich dagegen vor dem Sex als Flirt in sprachlichen Anspielungen und körperlichen Andeutungen ab. Sie äußere sich vorrangig als knisternde Spannung, wenn feine verschwiegene Zeichen ausgetauscht würden, flüchtige Körperkontakte ein sanftes Begehren wachriefen, Finger sich unversehens berührten oder Knie, die sich unter dem Tisch begegneten, sich nicht wegspreizten. Erst solch verlockende Spielchen ließen der Fantasie die Zügel schießen. Wer hingegen gleich alles zeige, zeige einfach zu viel, und das sei zu wenig.

Als das Gegenteil von Erotik gilt der Pornofilm, der keine spielerischen Andeutungen und Lücken hinterlässt. Im Porno bleibt nichts verborgen, alles ist enthüllt, nichts auch nur halb verdeckt. Die stimulierende Wirkung der Detailaufnahmen auf den Betrachter ist groß, verfehlt aber, wofür einst die schwebende Kunst der Erotik stand.

Nun mag zwar zutreffen, dass diese früher intensiver ausgelebt wurde als heutzutage, obwohl einfache Kettchen am Beinknöchel oder Piercings am Bauchnabel auch heute noch betören und sinnliches Glück versprechen können. Bei aller berechtigten Klage über den Verlust erotischer Anspielungen sollte jedoch niemals vergessen werden, dass es vor der sexuellen Befreiung überhaupt keine Möglichkeit zu unmittelbarem Geschlechtsverkehr gab. Die einstmalige Kunst der Erotik war hauptsächlich einer restriktiven Sexualmoral geschuldet. Der Preis hierfür war hoch und eine Rückkehr dorthin ist nicht nur unrealistisch, sondern gar nicht wünschenswert. Damit hat sich zwar die »alte Erotik« noch nicht überlebt, aber sie hat tatsächlich an Bedeutung in der Balzarena eingebüßt.

Doch beunruhigender als dieser Rückgang vorsexueller Erotik ist der erotische Analphabetismus. Dieser lässt sich nur durch eine Kunst der Begierde unterlaufen, die an die Stelle einfacher Lustbefriedigung ein fantasiereiches, hemmungsloses, ausdauerndes Liebesspiel setzt. Ein solches erfordert Kreativität, die die Grenzen unserer sexuellen Erlebnisfähigkeit zu erweitern vermag. Hingegeben ans Begehren und überwältigt vom Gefühl der Ohnmacht des unbändigen Fleisches, kann es erst so zu zauberhaften Delirien kommen, die gleichermaßen im Realen wie Imaginären verhaftet bleiben.

Sexperimente und Sexplosionen

AGGRESSIVE VERGNÜGEN

Nichts stachelt die Lust mehr an als ein obszöner Ringkampf, der den Körper dehnt, anspannt und mit laszivem Leben erfüllt. »Man sagt, Sex sei eine Form des Streitens, weil Begehren seinem Wesen nach Streit ist und von widerborstigem Charakter.« So steht es bereits im *Kamasutra*. Tatsächlich sind die sexuellen Fantasien vieler Frauen und Männer von dunkler Aggression getönt, wie geringfügig, abgemildert und unbemerkt diese auch sein mag. Zur sexuellen Inspiration gehört oftmals eine imaginierte Gewalt, mit der man sich den anderen nehmen will, der sich einem spielerisch widersetzen soll, beziehungsweise mit der man selbst vom anderen fortgerissen werden möchte. Befriedigender Sex erfordert eine prekäre Balance zwischen aktiver Eroberung und passiver Unterwerfung. Solche Sexspiele grenzen an Vergewaltigung, ohne Vergewaltigung zu sein. Im Sexualleben paaren sich öfter erhabene Gefühle mit gemeinen Fantasien.

Sexuelle Gewalt gibt es bereits in der Tierwelt. Männliche Skorpionsfliegen dringen regelmäßig mit Gewalt in die Weibchen ein, um ihr Sperma abzugeben. Selbst wenn diese sich hiergegen wehren, können sie den Männchen nicht entkommen. Denn diese verfügen über körpereigene Klammern, mit denen sie die Weibchen festhalten können. Auch bei den uns genetisch nahestehenden Orang-Utans gleichen Paarungen oft einer Vergewaltigung. Gleichfalls gehen Schimpansen mit Weibchen, die nicht sofort sexwillig sind, ziemlich rücksichtslos um. Sie zerren sie ins Gebüsch.

Bei uns Menschen sollen vornehmlich im sexuellen Wettstreit unterlegene Männer zu Vergewaltigung neigen. Jedoch gibt es auch körperlich attraktive und beruflich erfolgreiche Vergewaltiger, die überdies in einer gut funktionierenden Partnerschaft leben. Zahlreiche Vergewaltiger führen ihr Fehlverhalten auf die aufreizende Kleidung und provozierende Gestik ihrer Opfer zurück.

Jahrhundertelang war die Familie ein Ort erlaubter Gewalt. Kinder und Frauen durften geschlagen und die sich dem Ehemann verweigernde Gattin sogar zum Beischlaf gezwungen werden. Gerade das Zusammenleben auf engem Raum in intimer Nähe zueinander gefährdet die ursprünglichen Bande ehelicher Harmonie immer wieder aufs Neue. Bis 1996 galt Vergewaltigung in der Ehe juristisch als »Herrenrecht« und nicht als Verbrechen. Erst vor wenigen Jahren wurde die Ehe zum gewaltfreien Raum erklärt, in dem erzwungener Beischlaf den Straftatbestand der Vergewaltigung erfüllt. Trotzdem wird innerfamiliäre Gewalt unter vorgehaltener Hand nach wie vor gerne mit dem sexuellen Notstand des Mannes erklärt, der ihn überwältigt habe

Es gibt zahlreiche Erklärungen sexuell motivierter Gewalt. Die größte Erschließungskraft besitzt die Lehre von der destruktiven Gewaltnatur des Menschen. Hieraus ergibt sich die Vermutung, dass fast alle, vorrangig Männer, potenzielle Vergewaltiger sind. Aus jedem kann fast alles werden! Wer einer attraktiven Frau hinterherschaut, einen Blick auf ihr Dekolleté, ihre Beine und pointierten Rundungen wirft, reduziert sie in diesem Moment bereits auf ihren Körper. Einer solchen Reduktion haftet schon etwas Gewaltsames an, wie zivilisiert es auch sonst zugehen mag. Der heutige Kultraum für Gewalt ist das Internet. Hier verkünden Action- und Horrorfilme die fragwürdige Botschaft, nach der explosive Vernichtungen überaus sexy sind. Tatsächlich können kriegerische Gefechte sexuell antörnen. Aufgebrachte Hooligans und Soldaten lassen sich gelegentlich zu sexuellen Gewalttaten hinreißen. Ein solcher Einbruch grausamer Brutalität in den geordneten Alltag wirkt auf die meisten von uns eher befremdlich, haben wir doch gelernt, dass Gewalt schrecklich ist. Sie passt nicht zum humanistischen Menschenbild. Allerdings ist es noch gar nicht so lange her, dass Gefangene öffentlich gekreuzigt, gepfählt und zerfleischt wurden. Viele wurden langsam zu Tode gemartert, ja sogar ihr Leichnam zerstückelt. Unsere heutige Kultur hat nur noch einen virtuellen Platz für solche Grausamkeiten. Sie widersprechen unseren Wertvorstellungen. Reale Gewalt darf lediglich in Ausnahmefällen ausgeübt werden, um weitere Gewalteskalationen zu verhindern, nachdem bereits zuvor alle friedlichen Mittel ausgeschöpft wurden.

So sehr sich die westlichen Gesellschaften von Gewalt distanzieren, nach wie vor kann aber eine hohe Gewaltbereitschaft bis zu extremer Gewalttätigkeit in der Öffentlichkeit festgestellt werden. Oftmals sind schlechte Lebensperspektiven, Ungerechtigkeit und Ausgrenzung hierfür verantwortlich. Andere hoffen, mit Gewalt ihre ersehnten Ziele leichter zu erreichen: Bei einem brutalen Raubüberfall geht es nicht um die Befriedigung angestauter Mordlust, sondern vielmehr um schnellen Gelderwerb. Allerdings führen auch religiöser Fanatismus und politische Verblendung zu schlimmen Gewalttaten. Meistenteils aber benötigen Gewaltverbrechen keine höheren Rechtfertigungen. Mitunter scheinen sie einer bloßen Laune der Handelnden zu entspringen und somit ohne erkennbaren Grund zu passieren. Dann werden die Gewalttäter kurzerhand für krank erklärt. Der Durchschnittsbürger möchte mit den »Vollstreckern des Bösen« nichts zu tun haben. Dennoch kommen diese ihm bedrohlich nahe, wenn sie bis dahin ein ganz normales Leben führten, das dem seinigen ähnelt. In diesem Falle erscheint ihr Verhalten den meisten als unerklärlich, ja als rätselhaft.

Nur gibt es hier gar kein Rätsel zu lösen. Wir müssen lediglich zugeben, dass in jedem von uns nicht bloß ein mögliches Opfer, sondern auch ein potenzieller Henker steckt. Gerne übersehen wir, dass die Ausübung und der Anblick gewalttätiger Handlungen spezielle Bedürfnisse bis zur sexuellen Lust befriedigen können. Seit jeher ergötzen Gewaltorgien die Menschen. Körper werden aus reiner Mordlust hingemetzelt, Feinde nicht bloß umgebracht, sondern totgequält. In der Geschichte wurden Hinrichtungen häufig als brutale Massaker inszeniert, wehrlose Körper mal mit Zangen zerrissen, mal mit Hämmern zerschlagen. Solche Gewaltexzesse sind uns zwar fremd geworden, aber die ihnen zugrunde liegenden Lustgefühle sind es nicht. Zweifellos treiben häufig Hass, Wut und Furcht die Menschen zu grausamen Übergriffen. Doch sexuelle Gelüste tun es ebenso.

Überhaupt sind Kriege bloß deshalb möglich, weil Männer

gerne kämpfen, und nicht nur, weil Staatsführer sie wollen. Aufregende Schlachten erzeugen bis heute hin und wieder so starke Spannungen, dass auf brutale Plünderungen grausame Vergewaltigungen folgen. Wie groß das Ausmaß an Sexualdelikten im Krieg auch sein mag, sexuelle Gewalt spielte schon immer eine große Rolle darin. Es lässt sich kaum leugnen, dass rohe Kräfte sexuell reizvoll sein können. Totale Machtüberlegenheit ist ein Anreiz zur Willkür. Sie verführt Soldaten regelmäßig dazu, ihre »Chance der unbestraften Unmenschlichkeit« schamlos auszunutzen, so Günter Anders.

Der zivilisierte Bürger möchte zwar gerne glauben, hierfür unempfänglich zu sein, um sich so die irritierende Erkenntnis der Normalität sozialunverträglicher Impulse ersparen zu können. Unstrittig aber können Pornoszenen mit grausamen Gewaltanteilen viele Durchschnittsbürger sexuell erregen. Dennoch sollte bei härteren Sexualpraktiken nicht gleich an blutige Morde oder an bestialische Verbrechen aus Leidenschaft gedacht werden. Hier jedenfalls geht es nicht um wilde Blutfeste, Gemetzel, Exzesse mit Verstümmelungen bis zur Unkenntlichkeit, also um Gräueltaten, die völlig aus dem Ruder liefen.

Wörtlich übersetzt heißt »Pornografie« so viel wie »über Huren schreiben«. Erst seit den 1980er-Jahren ist Pornografie hierzulande rechtlich zulässig. Die stimulierende Kraft härterer Pornos lässt die anfängliche Berührungsangst vieler Zuschauer schon bald in Schaulust umschlagen. Pornos können wirksame Motoren der sexuellen Erregung selbst feinsinniger Gemüter werden. Vermutlich werden diese hierdurch irritiert, weil sie derartige gemeine, schmutzigen Handlungen eigentlich als menschenverachtend ablehnen, ja als krankhaft vom Zulässigen ausschließen möchten. Solche Selbstbeobachtungen können nachdenkliche Kulturmenschen im Kern existenziell erschüttern, weil sie sonst nur schöne, zärtliche, liebesorientierte Erotik für gesund, sozial akzeptabel und mit den guten Sitten vereinbar halten. Deshalb sind sie meist davon überzeugt, dass aggressiven Grenzberührungen in der Sexualität entgegengewirkt werden sollte. Dennoch kreisen die privaten Fantasien vieler Menschen um pornografische Praktiken, die außerhalb des Gewöhnlichen bleiben und nicht zu den Mäßigungen gesellschaftlicher Konventionen passen. Manchmal verdammen Menschen das, was sie am stärksten anzieht. Sie empören sich über Schmutz, weil sie darin ihren eigenen Fußabdruck erkennen! Der Mensch ist ein überaus widersprüchliches Gebilde, durch dessen Überzeugungen, Wünsche und Neigungen unüberbrückbare Bruchlinien verlaufen.

Feministinnen, allen voran Alice Schwarzer, lehnen Pornografie als frauenfeindlich ab, weil die spielerische Unterwerfung, verbale Gewalt und symbolische Züchtigung der hierfür gekauften Darstellerinnen mit der weiblichen Emanzipation unvereinbar sei. Gerade härtere Pornografie propagiere ein Bild der Frau als eines benutzbaren Objekts, das von Vergewaltigung kaum zu unterscheiden sei. Allerdings ist diese Einordnung selbst in feministischen Kreisen umstritten. Es gibt eine Reihe von Autorinnen wie etwa Anaïs Nin und Erica Jong, die aggressive Bilder in der sexuellen Fantasie der Frau als zulässige Lustquelle rehabilitieren und Pornografie nicht von vornherein als frauenverachtend ablehnen. Weibliche Lust steht nicht notwendigerweise im Gegensatz zu pornografischen Szenarien, weshalb der Widerstand einiger Frauen hiergegen manchmal auch als Abwehr gegen ihre eigenen Abgründe gelesen werden darf.

Wer dagegen nicht entsetzt vor der Beschäftigung mit seinen

grenzüberschreitenden Wunschträumen zurückscheut, wird bei sich selbst aggressiv getönte Seiten seines nie vollends gebändigten Begehrens zugeben müssen. Normalerweise werden diese Triebimpulse durch Anstandsgefühle zensiert und durch Selbstbeherrschung kontrolliert. Obwohl sich tausend kulturelle Hindernisse dem Schmutzigen und Gemeinen entgegenstellen, gibt es aber nichts, was das Obszöne unmöglich macht. Der herzensreine, völlig unverdorbene Mensch ist eine Illusion. Mit Nietzsche gesprochen: »In jedem Menschen gibt es ein Tier, das eingesperrt ist wie ein Sträfling, und es gibt eine Tür, und wenn man die einen Spaltbreit öffnet, bricht das Tier aus wie der Sträfling, der den Ausweg gefunden hat.«

Es bedarf großer Offenherzigkeit gegen sich selbst, um das dunkle Drängen aus den untergründigen Kellern der eigenen Existenz ins helle Licht kriechen lassen zu können. Hierbei wird man sich wohl das vermeintlich Ferne schließlich doch als nah und das anscheinend Fremde als etwas Ureigenes vor Augen führen müssen. In solchen Momenten ist es, wie wenn sich »Untiefen der Seele« auftäten. Aggressivität scheint der Leidenschaft auf unhintergehbare Weise eingeschrieben zu sein. Wie die einen ein starkes Bedürfnis verspüren, jemanden leidenschaftlich zu überwältigen, anzueignen, einzuverleiben, so sehnen sich andere danach, von einem einfühlsamen Rohling heftig genommen, verschlungen und kämpferisch bezwungen zu werden, und beide möchten manchmal abwechselnd beides.

Vergewaltigung ist sozial unverträgliche aktive leidenschaftliche Unterwerfung. Sie ist eine sexuell motivierte Gewalttat im ethischen und rechtlichen Sinne. Im Gegensatz dazu kann eine sozial verträgliche aktive leidenschaftliche Unterwerfung ein Teil von gutem Sex sein. Sozial verträglich ist diese Praxis dann, wenn die passive Unterwerfung von beiden Seiten nachdrücklich gewollt und als lustvoll erlebt wird. Sie darf von den Betroffenen nicht als verletzender Übergriff empfunden werden.

Solche spielerischen Aktivitäten, in denen das Bedürfnis nach Erregung, Spannung und Abenteuer bis zur Grenzberührung ausgelebt wird, stellen bisweilen gewalttätige Aktionen in Rollenspielen nach, ohne wirklich gewaltsam zu sein. Denn sie sind nicht Ausdruck einer Feindseligkeit, die den anderen wirklich vernichten oder abwerten möchte. Aggressive Impulse beim Sex haben lediglich mimetischen, das heißt nachahmenden Charakter. Sie reichen von sanftem Kratzen und leichtem Beißen über wildes Stoßen, enges Abschnüren mit Lederriemen oder Abklemmen mit Metallklammern bis zur sadomasochistischen Zufügung lustvoller Reize mit Lederpeitschen. Selbst eine feindselig anmutende Demütigung oder schmutzige Verachtung mit gegenseitigem Anspucken kann zum Liebesspiel dazugehören.

An- und Ausspucken ist eine kulturelle Praxis der Verachtung und Demütigung mit biologischem Hintergrund. Stresssituationen rufen bekanntlich Alarm- und Angstreaktionen im Körper hervor. In angespannten Situationen mit erhöhtem Energieumsatz wird das Verdauungssystem mitsamt der Speichelproduktion weitgehend abgeschaltet. Angst führt zu Mundtrockenheit. Wer in einer bedrohlichen Situation dennoch Speichel absondern kann, beweist, dass er keine Angst hat. Deshalb bedeutet Speichel soviel wie Entschlossenheit und Tapferkeit. Die schon bei Homer belegte Geste, vor einem Feind auszuspucken, soll dem Gegner durch den nicht versiegten Speichelfluss anschaulich die eigene Furchtlosigkeit und Kampfbereitschaft zu erkennen geben.

Im normalen Leben werden solche dunklen Energien, die in fast allen Menschen schlummern, als belastend empfunden. Deshalb werden sie auch unter Selbst- und Affektenkontrolle gebracht. In den Enklaven der Lust werden sie dagegen mit angenehmen Empfindungen verbunden. Aggressive Kräfte haben im Liebesspiel eine andere Qualität, Färbung und Tönung als im wirklichen Leben. Sie haben ihren Stachel verloren. Ihnen fehlen die Schärfe und Bedrohlichkeit der entsprechenden Praktiken in der Realität. Allerdings erklärt diese Tatsache nicht, warum Aggressionen im Zusammenhang mit sexuellen Ausschweifungen überhaupt als lustvoll erlebt werden und intensive Erfüllung bieten können.

Das Bedürfnis nach aggressivem Sex lässt sich am besten mit der menschlichen Natur erklären, mit deren sogenannter Nachtseite, wie sie seit der Spätromantik bezeichnet wird. Gemeint ist das chaotisch Regellose, das unterhalb jeder Ordnung und Form schlummert. Der blinde Wille wartet nur darauf, dass die Umstände für ihn günstig und die Gegenkräfte schwach werden, um die Schranken kraftvoll durchbrechen zu können. Mit solchen und ähnlichen Worten wird der dunkle Drang des Menschen von den Romantikern bis Sigmund Freud beschrieben.

Nach Freud, der Sexualität zu den »gefährlichsten Betätigungen« des Menschen zählt, ist es einfach unmöglich, die für enthemmte Ausschweifungen wichtige Aggressivität allein aus dem Lust- und Lebensprinzip, dem sogenannten »Eros«, abzuleiten. Hiermit sei lediglich die friedfertige, harmonische Verschmelzung, nicht jedoch animalische Leidenschaft vereinbar. Hinter jeder wilden Gier steht Freud zufolge ein vom Sexualtrieb instrumentalisierter Destruktions- und Todestrieb, von ihm auch »Thanatos« genannt. Dieser verwandele das Erotische ins Dämonische, in dem für Vernunft und Zärtlichkeit nur wenig Platz sei: »Das Ziel des Eros ist, immer größere Einheiten herzustellen und so zu erhalten, also Bindung; das Ziel des Todestriebs ist im Gegenteil, Zusammenhänge aufzulösen und so die Dinge zu zerstören.«

Dem späten Freud drängte sich die Vorstellung eines Todestriebs in seinen Auseinandersetzungen mit Aggressivität, Sadismus und Masochismus auf. Der Todestrieb steht für eine allem organischen Leben innewohnende Sehnsucht nach seinem anorganischen Ursprung. In allen Lebewesen soll es eine Tendenz geben, wieder in den leblosen Zustand zurückzufallen, dem sie entstammten. Dieser Hang zur Rückkehr in den Tod bestehe aber nicht für sich, sondern ziele vielmehr auf eine Auflösung der inneren Reizspannungen, die in jedem Organismus existierten. So verfolgt der Todestrieb keineswegs das Ziel der vorzeitigen Lebensbeendigung, sondern vielmehr der Lebensbefreiung von Druck, Schmerz und Mangel. Er zielt auf Ruhe und Frieden durch Überwindung aller Bedürfnisse und Wünsche, was Freud als Nirwanaprinzip bezeichnet – eine buddhistische Idee, die der Vater der Psychoanalyse von Arthur Schopenhauer übernahm.

Nun würde der selbstzerstörerische Trieb den Menschen zugrunde richten, wenn ihm nicht der Lebenstrieb, der das Selbsterhaltungsstreben und die Sexualität trägt, erfolgreich Einhalt geböte: »Eros« wirkt »Thanatos« entgegen. Konkret soll der Lebenstrieb den Todestrieb dadurch unschädlich machen, dass er ihn mithilfe der menschlichen Muskulatur nach außen gegen die Welt lenkt. Hierdurch verwandelt sich der Todestrieb in einen Bemächtigungstrieb. Dieser führte zur Herrschaft des Menschen über die Natur, zur Steigerung seiner Produktivität und somit zur wissenschaftlich-technischen Zivilisation. Nach Freud wandelt der Lebenstrieb den Todestrieb zu gesellschaftlich nützlicher Aggression um, die sich vom lateinischen Wort »aggredi« ableitet, was so viel heißt wie: »auf etwas zugehen, angreifen oder zupacken«. Allerdings lassen sich diese Energien auch in den Dienst der Sexualität stellen, wo sie sich – nach außen gerichtet – als Sadismus – und nach innen – als Masochismus äußern. Alle Formen der Sexualität setzten sich – wenn auch mit verschiedener Ausprägung und Stärke – aus den beiden Grundkräften Eros und Thanatos zusammen.

Freud wusste, wie spekulativ seine Idee des Todestriebs war, fand aber keine bessere Erklärung für sozialunverträgliche Aggressionen im Krieg und sozialverträgliche Aggressionen beim Liebesspiel. Doch so problematisch Freuds Theorie bleibt, mittlerweile ist fast unumstritten, dass Aggression zur primären Ausstattung des Menschen gehört. Jedenfalls greift jeder Ansatz zu kurz, der aggressives Handeln durch Frustration erklärt. Nicht jede Aggression gründet auf Frustration und nicht jede Frustration führt zu Aggression. Ähnliches gilt für den lernpsychologischen Ansatz, demnach Aggression an solchen Verhaltensvorbildern gelernt wird, die durch aggressives Handeln erfolgreich sind. Mögen aggressive Verhaltensformen hierdurch teilweise erlernt werden, das Phänomen Aggression wird dadurch noch nicht erklärt. Selbst soziologische Theorien, welche die Wurzeln menschlicher Aggressivität in den Strukturen der Gesellschaft finden, kommen nicht an das Phänomen selbst heran. In dieser Frage behält Freud wohl recht, der Aggression als eigenständigen Impuls ansah, der nach dem gegenwärtigen

Stand der Forschung nur nicht auf einem Todestrieb gründet. Stattdessen hat Aggression hirnphysiologische Korrelate. Sie wurzelt sowohl in Botenstoffen als auch in der Stammesgeschichte und dient ursprünglich der Selbst- und Gruppenerhaltung.

Aggressionsverhalten gründet vor allem auf Testosteron, das zugleich die männliche Libido und Potenz stark bestimmt. Allerdings wirken andere Hormone wie etwa Vasopressin gleichfalls aggressionsfördernd. Aggressivität und Sexualität haben ihren Ursprung in den gleichen Hormonen. Jedoch heizt erst Testosteron den Organismus richtig auf und macht vor allem Männer zu regelrechten Draufgängern, die eher als Frauen zu einer groben Sprache, risikoreichem Verhalten und blödsinnigem Übermut neigen. Der Testosteronspiegel des Mannes liegt im Durchschnitt rund 25-mal höher als bei der Frau. Gleichzeitig lässt vermehrtes Testosteron den Mann sexuell triebhafter, impulsiver und reger werden, leider aber auch seinem Zorn schneller freien Lauf lassen. Sinkender Testosteronspiegel bedeutet abnehmende Sexualität und Aggressivität. Jedoch gibt es genauso wenig den einen sexuellen Botenstoff wie das eine sexuelle Zentrum im Hirn. Am Feuerwerk der Leidenschaft sind verschiedene Hirnregionen und Botenstoffe beteiligt.

Nun ist das eine die hormonelle Grundlage der Aggressivität, die unser Sexualverhalten mit steuert und im Zusammenspiel mit anderen Substanzen ungestümes Verlangen und Hochgefühle hervorbringen kann. Solche Elixiere sind etwa der Luststoff Dopamin, aber auch Oxytocin und Endorphine, die hauptsächlich während des Höhepunktes den Körper überfluten. Doch eine ganz andere Frage ist die nach den ursprünglichen Funktionen der Aggressivität, mit der sich die Soziobiologen befassen.

Nach Konrad Lorenz und Irenäus Eibl-Eibesfeld gehört Aggression zur lebenserhaltenden Organisation des Menschen. Es gebe sie, um besser mit den feindlichen Mächten der natürlichen Umwelt fertigwerden zu können. Bei Mensch und Tier diene sie der Arterhaltung, die eine Verteidigung des eigenen Lebensraums einschließe. Doch wie sich inzwischen herausgestellt hat, geht es in der Evolution weniger um Erhaltung oder Vermehrung von Arten als vielmehr um die Weitergabe der genetischen Daten eines Individuums. Dazu passt, dass innerartliche Rivalenkämpfe um Weibchen, Rangpositionen und Reviere keineswegs immer nur »Kommentkämpfe« sind. Hierunter versteht man Kämpfe mit Artgenossen, die nach festen Regeln ablaufen und bei denen sich die Gegner so gut wie niemals ernsthaft verletzen oder töten, weil sie nur eine Kapitulation des Gegenspielers anstreben. Allerdings gibt es Rivalenkämpfe in der Natur auch als Beschädigungskämpfe, bei denen der innerartliche Gegner – statt nur abgedrängt – verletzt und manchmal sogar getötet wird. Beide Kampfformen gelten heute als Strategien zur optimalen Vervielfältigung der Gene eines Individuums.

Je weniger nun Aggression im ernsten Alltagsleben der Menschen noch benötigt wird, umso mehr darf sie im Sport und beim Sex – selbstverständlich ohne personenschädigende Wirkung – zum Einsatz kommen. Aggression kann sich zu einer speziellen Quelle der Lust entwickeln. Jede sportliche Betätigung ist hierzu in der Lage, wie das Laufen, Schwimmen, Turnen und Klettern beweisen. Speziell bei diesen Sportarten wird der biologisch programmierte Bewegungsdrang – ursprünglich für Nahrungsbeschaffung, Flucht und Angriff vorgesehen – in den Dienst menschlicher Selbstverwirklichung gestellt. Zugleich imitieren viele Sportdisziplinen ursprüngliche Kämpfe um begrenzte Ressourcen, wie zum Beispiel um Nahrung, Brutplätze, Geschlechtspartner oder gegen Raubfeinde und andere bedrohliche Naturmächte. Hierzu zählen Risikosportarten wie Bergsteigen, Brandungssurfen und Wildwasserfahren, wo der evolutionär programmierte Selbstbehauptungswille, zu dem Aggressionen gehören, ebenfalls für die menschliche Selbsterfüllung dienstbar gemacht wird. Das Gleiche gilt für Kampfsportarten, in denen einzelne Personen oder Gruppen gegeneinander antreten wie etwa beim Boxen, Ringen oder Fußball.

Speziell das Fußballspiel ist ein dem Bogenschießen vergleichbarer Schießsport. Es gehört in die Geschichte der Überlebenskämpfe mit Geschossen. Nicht zufällig spricht man von »Torschützen« und »Tore schießen«. Gleichzeitig ist Fußball als Mannschaftssport ein Reflex der ursprünglichen Zusammenschlüsse von Menschen zu Gemeinschaften. Solche fanden statt, weil eine gemeinsame Verteidigung geteilter Ressourcen geringere Kosten für den Einzelnen verursacht als der einsame Kampf ums Überleben. Außerdem vermag eine Gruppe frühzeitiger als ein Einzelner zu erkennen, wenn sich ein Raubfeind nähert. So kann sie eher fliehen oder sich verteidigen. Regelmäßig führt die Knappheit der Ressourcen zu Konflikten zwischen den Gruppen, die zwar innerhalb der eigenen Herde kooperieren, aber mit benachbarten teilweise aggressiv konkurrieren. Im Mannschaftssport werden diese ursprünglichen Kämpfe nachgeahmt. Sportkämpfe sind außer Kraft gesetzte Überlebenskämpfe, die aufgrund ihrer Entschärfung in den Dienst menschlicher Selbsterfüllung treten konnten.

Auch der unter Sportlern weit verbreitete Jargon prahlerischen Geschwätzes mit oft groben Redewendungen lässt sich auf eine für den ursprünglichen Selbstbehauptungskampf unverzichtbare »räuberische Aggressivität« zurückführen, wie Thorstein Veblen betont. Der derbe Wortschatz von Sportlern entstammt größtenteils der Sprache des Krieges und der Sexualität. Dieselbe räuberische Aggressivität treibt den vom direkten Daseinskampf weitgehend entlasteten Menschen zum sportlichen Kräftemessen: dem Wettbewerb.

Die angedeuteten barbarischen Temperamente sind in der modernen Welt keineswegs ausgestorben. Sie sind ein natürliches Erbteil aus früheren Entwicklungsstadien. Die humanistische Kultur vermochte den Menschen bislang nur partiell in ein zahnloses Raubtier ohne Biss zu verwandeln. Zahlreiche archaische Impulse prägen nach wie vor seine Gefühle und Handlungen, sobald bestimmte Reize ihm eine Gelegenheit hierzu verschaffen. Insbesondere Sport und Sex ermöglichen dem Einzelnen, seine tierisch-wilden Züge in bestimmten Grenzen auszuleben. Sie sind zivilisierte Formen der Rückkehr zur Barbarei, an denen wir uns spielerisch ergötzen können, sobald die hierfür notwendigen Lustzentren aktiviert und die entsprechenden Botenstoffe freigesetzt werden.

Selbst das Strafrecht hat seine Wurzeln in diesen archaischen Temperamenten, wie schon Arthur Schopenhauer und Friedrich Nietzsche erkannten. Genauer betrachtet lauert hinter den ethischen und strafrechtlichen Masken der Gerechtigkeit ein blinder Racheinstinkt, der den Menschen als wildes Raubtier entlarvt. Es stellt sich nämlich die Frage, wie körperliche Torturen oder Freiheitsentzug überhaupt ein »Äquivalent« für erlittenes Unrecht, ungehaltene Versprechen und unbezahlte Schulden sein können. Wie gelingt es schmerzhafter Folter oder leidvollen Freiheitsstrafen, einen Ausgleich von Verbrechen zu schaffen? Dies ist doch nur dadurch möglich, dass die Bestrafung eines Täters beim Opfer ein Wohlgefühl hervorruft, das er hauptsächlich dieser Annehmlichkeit wegen als Rückzahlung anerkennen kann. »Der Ausgleich besteht also in einem Anweis und Anrecht auf Grausamkeit«, wie Nietzsche vermerkt. Hiernach würden selbst gute, anständige Menschen auf dem Grunde ihrer »Seele« gelegentlich nach grausamen Handlungen gelüsten, obwohl ihnen ein solches Verlangen aufgrund ihrer kulturellen Prägung und Erziehung vordergründig widerstrebt. Tatsache aber ist, dass das Antun und Anschauen von Leid nur dann als angemessenes Äquivalent für erlittenes Unrecht akzeptiert werden kann, wenn das Verursachen von Schmerz als lustvoller Genuss empfunden wird, das Leid eines anderen Menschen also das eigene Wohlgefühl intensiviert. Nur unter dieser Voraussetzung vermag das Zufügen von Leid als Genugtuung empfunden zu werden. Nun verschafft das Leid eines Schwerverbrechers den Leuten auf der Straße tatsächlich eine innere Befriedigung. Es vermittelt ihnen ein besseres Gefühl, betäubt gewissermaßen ihren Racheinstinkt und lässt sie befriedigt oder getröstet zurück.

In dem Maße aber, wie harte oder grausame Bestrafungen von Tätern die Menschen erleichtern, ja ihnen guttun, stellen diese sich selbst als grausame Raubtiere bloß, die bei aller Zivilisierung weiter von barbarischen Temperamenten bewegt werden. So bietet die Bestrafung eines Verbrechers den braven Bürgern eine willkommene Gelegenheit, ihre eigenen wilden Bedürfnisse unter dem Deckmantel eines zivilisierten Gerechtigkeitssinns ausleben zu können. Sie gibt selbst Humanisten eine Möglichkeit zur Grausamkeit in tugendhafter Verkleidung. Genau genommen besteht nur ein gradueller Unterschied zwischen dem Ergötzen der alten Römer an den blutigen Gladiatorenkämpfen und der Genugtuung der heutigen Menschen bei der Ahndung eines Straftäters mit Freiheitsentzug.

Nun hat die Aufdeckung der barbarischen Grundlagen des Strafrechts hier aber nicht die Funktion, unsere Strafgesetzgebung infrage zu stellen, mögen sich hieraus auch eine Reihe kritischer Fragen ergeben. Die Enthüllung des wilden Tiers hinter der inneren Befriedigung, die wir Menschen bei der Bestrafung von Verbrechern empfinden, soll lediglich einmal mehr belegen, wie sehr wir trotz aller kulturellen Zähmung doch hin und wieder zurück in die freie Wildnis möchten. Allerdings hat die moderne Zivilisation diesen Rückweg aus guten Gründen weitgehend verbaut, dafür aber wildnisähnliche Reservate mit speziellen Spielregeln eingerichtet. Das wilde Tier, das verkappt hinter unserem Sinn für gerechte Strafen steht, darf im kämpferischen Sport, auf rauschhaften Festen und bei abenteuerlichem Sex fast ohne jede Tarnung wüten. Diese Lebensformen bilden die zoologischen Gärten der Lüste unserer Zeit, die den Menschen eine kurze Rückkehr in den Urwald ihrer sonst gebändigten Begierden auf sozialverträgliche Weise gestatten. Solche Ausbrüche in die dunklen Abgründe des Begehrens dürfen hingenommen, ja sogar begrüßt werden, solange sich die erotischen Paradiese nicht in völlig spielregellose Infernos verwandeln.

FICK MICH TOT, SCHATZI!

Ein wiederkehrendes Thema in Kunst, Literatur, Philosophie, aber auch der Biologie sind Vergleiche der Liebe mit dem Tod, auf den sich das Leben in seinen intensivsten Momenten beziehe. Zu einer aus menschlicher Sicht überaus brutalen Form der Verschränkung von Liebe und Tod kommt es im Rahmen der Fortpflanzung sogenannter Gottesanbeterinnen und Spinnen wie der Schwarzen Witwe. Sie fressen oftmals während oder nach der Paarung das samenspendende Männchen auf. Hier geht die Liebe wirklich durch den Magen! Nach dem gegenwärtigen Stand der Forschung opfern sich jedoch die Männchen gar nicht für die Weibchen, sondern lediglich für ihre Nachkommen. Sie dienen ihnen im Mutterleib als hochwertiger Nährstoffcocktail, der ihrer Fitness zugutekommt. Auf diese Weise können die Männchen besser sicherstellen, dass sie in ihren Nachkommen genetisch weiterleben.

Wie eng das Leben mit dem Tod verbunden ist, zeigt bereits die Zellteilung als eine Art ungeschlechtlicher Fortpflanzung, bei der das ursprüngliche Individuum in zwei neuen verschwindet. So seltsam es klingt: Bei der geschlechtlichen Fortpflanzung geschieht etwas durchaus Vergleichbares. Zwar überleben geschlechtliche Individuen wie Menschen für gewöhnlich die Geburt ihrer Nachkommen, doch ihr Überleben ist nur ein Aufschub – eine Frist! Aus biologischer Sicht ist diese Todesverzögerung vorgesehen, um den Neugeborenen, in denen die elterlichen Gene weitergegeben werden, länger helfen zu können. Vereinfacht formuliert, liegt der biologische Auftrag in der Hervorbringung neuen Lebens, das den Tod seines Erzeugers zur Folge hat. So bildet Sex den Ursprung zwar allen menschlichen

Lebens, aber seines Todes ebenso. Dieser ist mit dem Leben gesetzt, das sich der Sexualität verdankt. Erst der Kreislauf von geschlechtlicher Fortpflanzung und Vergehen ermöglicht eine Erneuerung und Weiterentwicklung des Lebens.

Nun ist die Leidenschaft aber nicht nur in äußerer biologischer Beziehung mit dem Tod infiziert, sondern auch als inneres Erlebnis schwebt sie auf ungewöhnliche Weise zwischen Leben und Tod. Grenzenloses Liebesverlangen äußert sich bisweilen als Todessehnsucht in mehrfacher Beziehung.

Gerade der Sinnenlust scheinen Stoppregeln wesensfremd zu sein; ein Mehr bleibt immer denkbar. Keine Markierung legt fest, dass genug Lust zu einem bestimmten Zeitpunkt erreicht wäre. Im Lustgenuss scheint sogar eine Steigerung zum Rausch angelegt zu sein. Die Begierde ist ein Motor ohne Bremsvorrichtung. Alles Begehren ist seinem Wesen nach exzessiv. Darum verlangt es nach immer neuen Grenzüberschreitungen. Wenn solches Fieber vom Einzelnen einmal Besitz ergriffen hat, dann kann sein Leben oder das seiner Spielgefährten – erst recht unter dem Einfluss von Drogen – leicht in Gefahr geraten. Ihre Leidenschaft vermag sie an den Rand lustvoller Selbstaufopferung zu bringen. Mit Friedrich Schlegels *Lucinde* gesprochen: »Ohne Unersättlichkeit gibt's keine Liebe. Wir leben und lieben bis zur Vernichtung.« Leidenschaft kann sich zu einer Lebensbejahung bis zum Tod entwickeln. Der Liebesimpuls, bis zum Äußersten gesteigert, stellt sich als ein Todesimpuls heraus, der dem Leben seine Existenzgrundlagen zu entziehen droht. Manchmal möchten Liebende vor Lust zerspringen oder verbrennen und den Partner aus Gier zerreißen oder verzehren. So kommt es während der erotischen Raserei auf der Suche nach gesteigertem Wohlbefinden immer wieder zum leichtsinnigen

Verzicht auf die Sorge ums eigene und fremde Wohlergehen. Im Verlangen nach ekstatischen Delirien kann der Aspekt der Selbstzerstörung wie auch der Vernichtung des Spielgefährten die Oberhand gewinnen. In diesem Punkt besteht eine große Übereinstimmung zwischen sexueller Trance, mystischer Verzückung und der fanatischen Entschlossenheit religiös-verblendeter Märtyrer. Sie alle verbindet eine seltsame Gleichgültigkeit gegen das, was das Leben erhält und sichert. Zuweilen wird diese Indifferenz von einer animalischen Bestialität begleitet, wie sie de Sade und Bataille ausbuchstabiert haben.

Allerdings geht es bei solch erotischen Selbstverschwendungen gar nicht um den Tod, sondern im Gegenteil um eine Intensivierung des Lebens bis zum Äußersten. Dieses verdichtet sich im Orgasmus, der im Französischen »kleiner Tod« (»petite mort«) genannt wird.

Speziell der Orgasmus ruft Assoziationen an den Tod hervor, weil er den Einzelnen aufzulösen scheint. Mit deutlichen Worten beschreibt Gioconda Belli diesen Vorgang in dem erotischen Gedicht *Gestern Nacht* aus der Sicht einer Frau, in die der Liebhaber wie ein »nackter Kämpfer« mit seiner »Waffe« eindrang: »und noch immer warst du ein Schmied, der den Funkenamboss schlug, bis mein Geschlecht explodierte wie eine Granate, und wir beide starben im Mondsplitterhagel.« Hinter dieser Todeswahrnehmung in der Sexplosion steckt eine ekstatische Lebenserfüllung, die irrtümlicherweise als Todeserlebnis dargestellt wird.

Das Gleiche gilt für die angebliche Todessehnsucht im alles Maß überschreitenden Liebesentzücken. Ein berühmtes Beispiel hierfür liefert Richard Wagners Oper *Tristan und Isolde*. Dieses Musikwerk sollte dem schönsten aller Träume, dem

Glück der Liebe, ein Denkmal mit einer darauf wehenden schwarzen Flagge setzen. Die keltische Tristan-Geschichte handelt von einer schicksalhaften, unwiderstehlichen, aber aussichtslosen Liebe, die tödlich endet, ja Nichts und Tod herbeisehnt, um so die Trennung zwischen Ich und Du überwinden zu können. Schmerzlich-süße Melodien sowie Klagen der wilden Lust und des unstillbaren Verlangens drücken in der Oper eine Liebesqual aus, die sich Erlösung und Erfüllung vom Tod erhofft. Tristan und Isolde erwarten den Exitus inmitten des entrückten Geschlechtsaktes! Doch ist das Ziel dieser Todessehnsucht nicht einfach das Lebensende, sondern vielmehr die Vorstellung, im gemeinsamen Liebestod absolut vereint sein zu können. Wagner stellt diese Sehnsucht als Flucht aus der irdischen Nacht dar, die Zuflucht in der ewigen Nacht sucht. Nietzsche spricht hier von »Mitternachts-Sterbeglück«. Beides, Erlösung und Erfüllung der Liebesnot, ist weder auf der Erde noch am Tage zu erreichen, wie später auch Thomas Mann in der Erzählung *Tristan* und August von Platen in einem gleichnamigen Gedicht feststellen: »Wer die Schönheit angeschaut mit Augen, ist dem Tode schon anheimgegeben. […] Ewig währt für ihn der Schmerz der Liebe, denn ein Tor nur kann auf Erden hoffen, zu genügen einem solchen Triebe.«

Viele halten Richard Wagners Mysterienspiel *Tristan und Isolde* für das schönste, ergreifendste und kunstvollste Werk des Komponisten. Inspiriert wurde er hierzu durch Arthur Schopenhauer. Dessen Lehre vom Leben als Leid und der Verneinung des Willens zum Leben als einzig menschenmöglicher Erlösung bildet den philosophischen Hintergrund des ganzen Musikstücks mit seiner bald düster schweren, bald leidenschaftlich erregten Tonsprache. Wagner selbst kennzeichnete das Musikdrama mit seiner nicht enden wollenden Liebes- und Todessehnsucht als furchtbar, weil es die Zuhörer geradezu verrückt machen müsse.

In Schopenhauers Lehre vom Leben als Leid und der Verneinung des Lebenswillens als Weg zur Erlösung, der Todessehnsucht, hat auch Freuds spekulative Idee des Todestriebs ihren Ursprung, die erstmals 1920 in *Jenseits des Lustprinzips* auftaucht. Wie im Kapitel über Aggressionen ausgeführt, strebt Freud zufolge alles organische Leben nach dem anorganischen Anfang, um dort Ruhe und Entspannung zu erlangen. So sei der Tod das letzte Ziel alles Strebens, dem jedoch der Lebenstrieb entgegenwirke. In der Regel bleibe die Lebenslust stärker als die Todessehnsucht.

Wie es auch immer hiermit sei, die im Liebesverlangen empfundene Todessehnsucht bezieht sich genauer betrachtet gar nicht auf den Tod, sondern vielmehr auf das Leben. Im Unterschied dazu wünscht sich der alte Römer Ovid tatsächlich: »mir sei beschieden, bei den Bewegungen der Venus zu vergehen, und wenn ich sterbe, will ich mitten im Werke dahinschwinden.« Dem gegenüber steht die Todessehnsucht im exzessiven Begehren und in der romantischen Liebe lediglich für das unstillbare Verlangen nach vollkommener Verschmelzung. Selbstverständlich bleibt die im Liebesvollzug erlebte Nähe hinter der erstrebten Einheit zurück. Darum drängt die Leidenschaft stets darüber hinaus. Doch ist das ersehnte Ziel nirgendwo anzutreffen, obgleich Musik und Drogen manchmal genau das Gegenteil versprechen.

Erotische Hinterhöfe

Die Großstadt bei Nacht – ein Ort gegenteiliger Lebensformen und Kampfplatz gegensätzlicher Interessen! Hier herrschen Kräfte, die für alte, ja für alle Formen der Gemeinschaft bedrohlich werden können. In der nächtlichen Großstadt zeigt sich die Auflösung der Gesellschaft in viele bindungslose Einzelne auf drastische Weise. Im albtraumhaften Chaos der Nacht entfalten andere Kräfte ihre Wirkung als in einer vom Licht der Vernunft und des Maßes ausgeleuchteten Welt: Es sind die unerlösten Monster unseres Trieblebens, das verdrängte Allzu-Menschliche. Die Großstadt bei Nacht verweigert sich dem geordneten Alltag, um den Menschen die Übertretung jener Gesetze zu erleichtern, die sie tagsüber gewohnheitsmäßig achten. In der nächtlichen Stadtprärie setzt sich die Freiheit allzu gerne von Moral und Anstand ab. Deshalb haftet dem Nachtschwärmer noch heute oftmals ein schlechter Ruf an. Seine Wege durch dunkle Pfade und künstlich beleuchtete Gassen scheinen freier, grenzenloser, ja sittenloser zu sein als am Tage. Der Durchschnittsbürger reagiert auf dieses Chaos, das die Metropolen im Übermaß bieten, mit Entsetzen und Empörung.

Doch mag das Unbehagen am sittlichen Unrat der urbanen Nacht noch so groß sein, die ins Dunkel getauchte Gegenwelt bietet reizvolle Freiräume für das schmutzige Begehren, das ursprünglich zum Menschen gehört. Anscheinend lassen sich nur im Verborgenen zweifelhafte Vergnügen und verbotene Liebschaften aushecken, in denen man sich mal richtig gehenlassen darf. Der Nachtschwärmer liebt den Zauber der Verderbtheit. Selbst brave Bürger liegen manchmal abends unruhig im Bett und spüren ein diffuses Ziehen im Körper, dem das städtische Nachtleben ein Gesicht gegeben hat. Im Gegensatz zu den nächtlichen Flaneuren wissen sie nur nicht, wohin damit.

Leider ist für die urbane Nacht aber auch eine erbarmungslose Gleichgültigkeit gegenüber den Wünschen, Interessen und Hoffnungen der Menschen charakteristisch. In der nächtlichen Großstadt liegt eine grausame Rücksichtslosigkeit in der Luft, die viel Armut und Elend, auch Gefühle der Verlassenheit hervorbringt. Hier erweist sich das mühsam erkämpfte Menschenrecht, auf eigene Art glücklich zu werden, als die schwere Last, sein sorgenvolles Leben ganz alleine bestehen zu müssen – unbehaust und einsam.

Gleichzeitig ist die urbane Nacht ein Freund aller Abweichler, die von einer übersteigerten Gier umgetrieben werden. Die Nacht lässt die kriminelle Unterwelt und zahllose Laster aus ihren Höhlen kriechen. Beim Schwinden des Tageslichts kommen sie alle heraus: hochstaplerische Zuhälter, lichtscheue Dealer, mafiöse Geschäftemacher, zwielichtige Glücksspieler, aber auch mittellose Künstler und laszive Huren. Selbst biedere Bürger möchten die dunklen Seiten des Lebens auf ihren Streifzügen durch schummrige Clubs kennenlernen, obgleich sie hierdurch bisweilen an die Grenzen des Gesetzesbruchs geraten. Auch unter ihrer Fassade brodelt ein Abenteuertrieb. So wischt sogar der gutmütig beschränkte Spießbürger bisweilen seine zivile Tarnfarbe im Schutz der Nacht ab. In ihm wird das Kind wieder wach, das einst böse Streiche spielte und schwere Verbrechen begehen wollte.

Nachtschwärmer verfallen der künstlich erleuchteten Großstadt, weil sie ein wenig an die gesetzlose Prärie erinnert, in der alle Möglichkeiten offenzustehen scheinen. Einige irren gerne durch enge Gassen oder dunkle Parks, die wie ausgestorben wirken. Hier sind außer Liebespaaren manchmal nur noch Halbstarke unterwegs. Je unbeleuchteter die Nacht, umso mehr nimmt der schützende Charakter der Öffentlichkeit ab!

In der diffusen Straßenbeleuchtung verliert der nächtliche Raum seine sicheren Konturen. Eine solche Verwischung mündet in zauberhafte Unschärfe, die leicht die Fantasie zum Blühen bringt. Nun können die Gedanken ungestört schweifen und andere Dinge gesehen werden als am Tage. Die Wirklichkeit hinterlässt den Eindruck des Fiktiven. Die Grenzen zwischen dem Realen und Imaginären verschwimmen. Darüber hinaus haftet dem Nachtleben dicht am anonymen Asphalt etwas Undurchschaubares an, was ebenfalls einen betörenden Reiz zu entwickeln vermag. Auf den Gratwanderungen über den eigenen dunklen Abgründen lässt man sich die Anonymität der Großstadt gerne gefallen. In ihrem undurchdringlichen Dickicht genießt man nahezu den Verlust der erkennbaren Pfade, an denen man sich orientieren könnte. Man überlässt sich für Stunden wild einströmenden Eindrücken, die einem den sicheren Boden unter den Füßen wegziehen mögen. Wie Risikosportler finden Nachtschwärmer erst einen Halt im Wagnis. Das nächtliche Vagabundieren versieht sie mit neuer Lebenskraft.

Normalerweise lenkt die hektische Betriebsamkeit des Alltags unsere Aufmerksamkeit von den verborgenen Sehnsüchten ab, die – gemustert und zensiert – in den geheimen Bezirken unseres Inneren eingesperrt bleiben. Doch plötzlich brechen sie als Tagträume wie fremde Gäste ins Bewusstsein ein. Von dort lassen sie sich nicht mehr ohne Weiteres vertreiben. Solche Abenteuerwünsche regen sich vornehmlich in Abendstunden, wenn die Nacht über die Dächer gekrochen kommt; sie verfliegen aber schnell wieder im gleichmäßigen Lauf der Tage. Von der nächtlichen Arena am besten geschützt ist, wer das Hamsterrad alltäglicher Hektik nicht anhält und nach vollbrachtem Tagwerk erschöpft sein behagliches Zuhause aufsucht. Aber wie groß ist die Anzahl der Menschen, die es nach Einbruch der Dunkelheit aus ihrer häuslichen Wärme ins ruhelose Nachtleben hinaustreibt! Diesen Herumtreibern erscheinen Nachtstädte wie Versprechen eines ungreifbaren Glücks. Die Großstadt bei Nacht bietet eine Atmosphäre, in der man verführt wird, seine insgeheimen Wünsche und Bedürfnisse zu empfinden. Allerdings täuscht man sich nachts schneller als am helllichten Tage, der einem viel weniger poetische Trugbilder vorspiegelt. Doch selbst wenn die Nachtstadt den Einzelnen leichter Illusionen verfallen lässt, bietet sie ihm auch zahllose Möglichkeiten, seinen sinnlichen Träumen nachzugehen.

An dieser Stelle tritt die ganze Ambivalenz der Großstadt bei Nacht hervor, die gleichermaßen erregt, verstört, fasziniert, aber auch ein bedrohliches Territorium bildet: Einerseits wächst mit der zunehmenden Dämmerung die Gefahr, in tiefe Abgründe zu fallen; andererseits ist das Versprechen groß, für eine gewisse Zeit aus den Alltagszwängen ausbrechen zu können. Das städtische Nachtleben lockt die Menschen mit Gelegenheiten zu freizügigen und rauschhaften Vergnügen jeglicher Art. Jedoch beängstigt es die Menschen zugleich durch die Risiken, die auf den unsicheren nächtlichen Straßen lauern. Hierzu zählt der Nachtschwärmer selbst, bedenkt man nur, wie leicht er sich verlieren kann, wenn er der treibenden Stimme seines Freiheits-

und Lustbegehrens folgt. In diesem Sinne bietet die Nacht eine Bühne für vielfältige Widersprüche, für Angst und Lust, Abwehr und Verlangen. Lebenstrunkene Nachtbummler müssen auf der Hut sein, die richtige Balance zu finden.

Blaise Pascal zufolge rührt das ganze Unglück der Menschen aus dem einfachen Umstand her, dass sie nicht ruhig in einem Zimmer bleiben können – aber man darf hinzufügen: das ganze Glück der Menschen auch! Nachtbummler flanieren oft kreuz und quer durch die Straßen, weil sie nicht schlafen können. Doch Schlaflosigkeit allein treibt sie nicht aus ihren Betten. Ziellos sreifen sie durch die Straßen, weil sie das Alleinsein satt und in einen Sog verheißungsvoller Verlockungen geraten sind: »Die Nacht ist nicht allein zum Schlafen da/ Die Nacht ist da, dass was gescheh'/ Ein Schiff ist nicht nur für den Hafen da/ Es muss hinaus, hinaus auf hohe See/ Berauscht euch Freunde, trinkt und liebt und lacht und lebt den schönsten Augenblick/ Die Nacht, die man in einem Rausch verbracht, bedeutet Seligkeit und Glück«, heißt es in dem bekannten Revuefilm *Tanz auf dem Vulkan* aus dem Jahre 1938.

Nachtschwärmer haben Angst, unwiederbringliche Glückschancen zu verpassen. Sie fürchten, nicht da zu sein, wenn das Leben seine Wundergaben mit vollen Händen an den Augenblick verschenkt. Mehr oder weniger bewusst entfliehen sie dem Alltag trotz materieller Sorglosigkeit und einem Leben, in dem fast alles nach Wunsch und Willen geht. Doch fehlen ihrem Alltag die Tagträume. Wenn sich die Arbeit wiederholt, das Schweigen am gemeinsamen Esstisch wächst, die Zukunft sich allmählich schließt, bekommt man leicht das Gefühl, die Feder sei aus dem Uhrwerk des Lebens herausgesprungen. Sollte der Lebensentwurf doch missglückt sein?

Dagegen scheint die nächtliche Großstadt dem Abenteurer noch einmal eine Chance geben zu können, neue Kraft in sein erschlafftes Leben zu pumpen. Plötzlich möchte man wieder etwas Aufregendes erleben und seinen Gefühlen ungezügelten Lauf lassen – koste es, was es wolle. Erst das reiche, erfüllte Leben ist ein gutes Leben – oder nicht?

Wie Jäger dem Wild in der Prärie sind die »Nachtgeweihten« geheimnisvollen Liebschaften auf der Spur, in denen sie abseits des Tageslichts ihren Begierden freien Lauf lassen können. Tatsächlich bietet die Großstadt bei Nacht mit ihren zahllosen Clubs und Möglichkeiten zu Ehebruch und Drogenkonsum eine gute Plattform für erotische Experimente.

Clubs, die sich erst ab vier Uhr morgens füllen und Partys, die erst am frühen Morgen in Schwung kommen, sind in den Großstädten nichts Ungewöhnliches. Aufputschende Drogen, aufpeitschende Musik von DJs, die Schamanen gleichen, und stundenlanges Tanzen der Nachtschwämer bis zur kollektiven Ekstase – das alles sind Rituale, die beinahe alle Grenzen sprengen und geradezu surreale Züge annehmen. Freundlich lächelnd inhaliert hier eine schwitzende Masse mit geschlossenen Augen und in die Höhe gereckten Armen die kompromisslosen Klänge einer Musik, von der sie sich gänzlich übewältigen lässt. Das rohe Pulsieren der auf die Partygemeinde einhämmernden Bässe entfesselt eine Vitalität auf der Tanzfläche, als ob die sich austobende Menge direkt an die dröhnenden Lautsprecher angeschlossen wäre. Alles vibriert. In den Clubs kann man es sich mal so richtig geben, exzessiv intensiv und das Hirn in Musik, Drogen und Erotik eintauchen. Hier trifft man nicht nur durchgeknallte Jugendliche, Großstadtjunkies und Studenten, sondern auch einfache Arbeiter, Angestellte, Beamte, Banker und Manager. Wenn ein Funkenregen flüchtiger Glücksmomente auf sie herabfällt, zählt nur noch der Augenblick, der vor Sinnlichkeit geradezu birst. Es wird geschwitzt, gejubelt und geschrien. Eine starke Lebenssucht hält die Nachtschwärmer auf ihren Expeditionen auf die höchste Berge sinnlicher Exzesse in ihren Fängen. Dort einmal angekommen, möchten sie nicht mehr zurück zum Basislager oder zur Bodenstation des Alltags.

An solchen Orten können Affären gedeihen, die der schlüpfrigen Nachtseite des Begehrens zum Leben verhelfen. Unbehelligt kann man sich jetzt auf die erotischen Fantasien einlassen, die am helllichten Tage in Dunkel gehüllt bleiben. In der Nacht drängen sie ans Licht. Jeder kennt die schmutzigen Seiten seiner Wünsche, die sich nur in der Nacht entschlossen vertreten und genussvoll entfalten lassen. Was es bedeutet, auf intensive Sinnesfreuden bewusst zu verzichten, die einen fiebern lassen und weit über die alltäglichen Bahnen erheben, weiß nur, wer diesen Verzicht nicht zu leisten bereit ist. Man muss die versteckten Möglichkeiten der nächtlichen Großstadt ergreifen und vom Voyeur zum Mitspieler werden, um erahnen zu können, worauf man verzichten würde, wenn man seinen Leidenschaften nicht nachgäbe.

Dabei verführt die nächtliche Großstadt regelmäßig zur Flucht in imaginäre Erscheinungen. Solche Traumbilder widersprechen den Konventionen des Anstands, die zum Schutz der Tageswelt eingeführt wurden. Offenbar sind viele Menschen bereit, für erotische Abenteuer behagliche Vertrautheit gegen ein emotionales Chaos einzutauschen. Im Sinnesrausch glauben sie, nahezu alles zu besitzen, was sie zuvor erträumten. Für Augenblicke gleicht die künstlich beleuchtete Großstadt einem romantischen Feenwald voller Geheimnis und Zauber. Doch stößt ein solches Leben bald an seine psychischen und physischen Grenzen. Das Glücksversprechen mit seiner schier unendlichen Vielfalt an Lebensmöglichkeiten kann schnell zur Überforderung für den Einzelnen werden. Darüber hinaus wächst die Gefahr, dass sich das Bedürfnis nach Sex, Drogen und Clubbing zu einer selbstzerstörerischen Sucht auswächst. Leichtsinnig wird bisweilen die eigene Gesundheit aufs Spiel gesetzt, obgleich man um die Risiken weiß. Doch wenn eine stürmische Woge giftiger Freuden den Menschen in die Köpfe steigt, werden sie schneller nachlässig! In solchen Situationen ist ein Höchstmaß an Misstrauen gegen die Steuerkraft der Vernunft angebracht. Es wäre naiv, zu glauben, man müsse der Vernunft nur das Brautbett aufschlagen, damit sie sich mit dem eigenen Fühlen, Denken und Handeln vermähle. Hierauf sollte man sich besser nicht verlassen.

Darum stürzen sich auch viele »Nachtgeweihte« erst gar nicht in die Glut des regellosen Begehrens. Sie verharren in Unentschiedenheit aus Angst vor Täuschung und Verblendung. Andererseits möchten sie dem Wagnis nicht ausweichen. Nervös suchen sie die Straßen und Clubs mit ihren Augen nach Gelegenheiten zu erotischen Abenteuern ab. Nachdem sich dann geeignete Lustobjekte gefunden, mit Blicken gemessen und abgeschätzt haben, sind selbst Zauderer plötzlich fast zu allem bereit. Die Aussicht auf ein paar Stunden sinnlichen Taumels, in denen der Rausch der Gegenwart alles Vergangene und Künftige verschlingt, setzt sich mit einem Male über alle Bedenken hinweg.

Jedoch kommt die nächste Morgendämmerung bestimmt. Sie zeigt das absehbare Ende der lodernden Ekstasen an. Vergeblich sucht die ausgelassene Begeisterung in der Morgenröte nach einer soliden Grundlage. Der in der Nacht realisierte

Traum muss schon meistens auf dem Weg nach Hause korrigiert werden. Die Morgenluft menschenleerer Straßen macht dem Nachtschwärmer die Flüchtigkeit allen intensiven Glücks bewusst. Da dieses Glück nicht im nüchternen Alltag verankert ist, hat es keine Dauer.

Aus diesem Grund ist es von großem Vorteil, um seine abgründigen Fantasien zu wissen, damit sie einen nicht unvorbereitet antreffen und ohnmächtig überfallen können. Nur dann kann man die Gefährdungen der trügerischen Nacht nüchtern einschätzen und halbwegs eindämmen, ohne auf eine zeitweilige Befreiung von den Tagesgesetzen verzichten zu müssen.

Die nächtliche Großstadt ist eine Durchlassstelle für das Fremde. Manche brauchen den Gang in die urbane Nacht, um dem Fremden in sich begegnen zu können. Die nächtliche Großstadt spiegelt gleichsam diese persönliche Fremdheit wider, die der Nachtseite unseres Begehrens ein Gesicht verleiht. Treffend vermerkt Nietzsche, dass diese Seite unseres Lebens uns nur deshalb so fremd erscheint, weil sie seit jeher unter den Vorzeichen verleugneter Wünsche und verdrängter Ängste steht. Fremd kann einem nur werden, was einem nicht vertraut ist.

Die urbane Nachtlandschaft spiegelt das erotische Lebensgefühl jener Flaneure wider, die ruhelos durch die dunkle Großstadt streifen, um dabei den fremden Seiten ihres Begehrens nachzuspüren. Es besteht eine geheime Verwandtschaft zwischen dieser emotionalen Verfassung und der nächtlichen Großstadt. Letztere hat gewissermaßen die Struktur eines erotischen Lebensgefühls mit starkem Verlangen nach purem Sex und schmutziger Liebe, deren vielfältige Aspekte in diesem Buch zur Darstellung gebracht wurden. Die nächtliche Großstadt lässt die verschiedenen Merkmale dieses erotischen Lebensgefühls mit einem Schlage im Schattenriss zutage treten. Die Großstadt bei Nacht ist ein Bild, das den gesamten Inhalt dieses Buches zusammenfasst, dessen Grundthese lautet:

Es liegt in der biologisch entschlüsselten Natur des menschlichen Verlangens, dass jede Liebe, Lust und Leidenschaft das Versprechen auf dauerhafte Befriedigung brechen muss. Darum drängt das Begehren regelmäßig aus jeder Partnerschaft hinaus, an die sich der Einzelne dennoch häufig gebunden fühlt. So entsteht hinter der hellen Vorderbühne der Treue und des Anstands eine dunkle Hinterbühne der Untreue und des Betrugs. Ausgerechnet der Wahrheit des Begehrens entspringt das Lügen. Denn nicht selten führt gerade Ehrlichkeit gegen sich selbst zu heimlichen Seitensprüngen. Mehr Ehrlichkeit ließe sich erzielen, wenn die Hinterbühne in den Rang der Vorderbühne erhoben würde. Allerdings bedeutete dies einen Rückfall in Anarchie und Wildnis. Es wäre das Ende der geordneten Verhältnisse. Mehr Ehrlichkeit wäre auch möglich, könnte ganz auf die Hinterbühne verzichtet werden. Nur ist ein solches Ziel schon aufgrund der reizvollen Angebote und vielfältigen Möglichkeiten heutzutage unrealistisch. Erst recht aber stehen dieser Forderung der natürliche Hang des Menschen zum erotischen Abenteuer und seine spielerischen Veranlagungen im Wege. Darum wird es künftig beide Bühnen geben. Diese sind nicht nur unvermeidlich, sondern auch zulässig. Keine Liebe ohne Lüge. Keine Beziehung ohne Betrug. Der Verrat nistet in jeder Partnerschaft – und das ist gut so. Denn mehrere Leben nebeneinander zu führen, kann den Reichtum des Lebens ausmachen. Mit Oscar Wilde gesprochen: »Ist Täuschung etwas so Schreckliches? Ich glaube nicht. Sie ist nur eine Methode, durch die wir unsere Persönlichkeit vervielfältigen können.«